Inhaltsverzeichnis

Vorwort von Neil James

Dieses Buch hat, wie manch anderes Projekt, mit einer kleinen Idee angefangen. Der letztendliche Anstoß, sie im Detail niederzuschreiben und zu veröffentlichen, stellte sich zunächst als negative Erfahrung heraus, die sich jedoch als eine hervorragende Chance der persönlichen Weiterentwicklung entpuppte. Wie man weiß, entsteht ja sogar etwas Bezauberndes wie eine Perle nur aus einem Sandkorn in der Auster. Genauso sehe ich nun diesen ersten Anstoß: ein weiterer Mosaikstein im Leben, mit dem man lernen, wachsen und den Weg der Liebe und des Lebens ausbauen kann.

Aus persönlicher Erfahrung, Berufstätigkeit und Aussagen von Freunden weiß ich, dass all diese Strategien Hand und Fuß haben. Wie ich in meinen Seminaren immer sage: Wenn Ihnen die Ideen gefallen – prima! Machen Sie sie sich zu Nutzen und arbeiten Sie mit ihnen. Wenn Sie jedoch keinerlei Wert für sich darin sehen – auch gut. Vergessen Sie die Idee und gehen Sie auf eine neue zu, die passender und für Sie richtig ist. Es gibt keine richtige oder falsche Art des Wachsens. Man wächst, weil man wachsen will.

Neil James

Danksagung

Arthur Koestler sagt in seinem Buch „The Act of Creation“, dass Humor, wie Kreativität, von einer plötzlichen Veränderung in unserer Wahrnehmung kommt – eine Umschichtung von einer Rahmenbedingung oder Perspektive zu einer anderen. In einer Sekunde wird uns eine Idee klar. Plötzlich sehen oder denken wir alles anders.

Schon immer hatte ich eine Neigung zu solchen „Ausrutschern“, solchen plötzlichen Veränderungen der Perspektive. Ich sage: schon immer, aber das ist nicht ganz richtig. Viele von ihnen gefielen mir am Anfang gar nicht. Vielmehr fand ich nach und nach Geschmack an ihnen, fast so, wie ich heute ein gereiftes Malzbier genieße.

Eingeständnisse sind meine heranreifenden Erkenntnisse. Dieses Buch ist das Ergebnis vieler Schnitzer und Umwandlungen, von Niederlagen, die zu Erfolgen wurden. Es wäre nicht zustande gekommen ohne das Mitwirken von anderen, ohne Ausrutscher und Verbindungen zwischen Persönlichkeiten. Die Inspiration kam von gereinigten, herauskristallisierten, verinnerlichten, umformulierten, veränderten und verpflanzten Ideen.

Ich möchte die Schriftstücke von James Kavanaugh hervorheben, insbesondere sein Gedicht „Willst du mein Freund sein“, das mir auf meinem Weg half. Folgende

Leute halfen mir ebenfalls auf diesem Weg: Caroline Rogers, Charlie Tveit, Ashley Wallman, Ilesh und Dushyant Patel und viele andere Leute, deren Bekanntschaft ich glücklicherweise in meinem gewählten Berufszweig machte.

Besondere Anerkennung gebührt Tess Moore für ihren kreativen Beitrag, Isabel Losada, meiner Agentin, und Judith Longman, meiner Herausgeberin.

Zu tiefstem Dank verpflichtet bin ich auch Teresa, die größtenteils die treibende Kraft und die Eingebung dafür war, dieses Buch drucken zu lassen.

Die Wichtigkeit liegt nicht so sehr darin,
was wir denken, was wir wollen,
sondern darin, was wir denken wollen.

Neil James

Hier einige Hinweise, die Ihnen helfen, das Beste aus diesem Buch zu machen

Sie können das Buch auf Ihr Bücherregal stellen. Wenn Sie aber etwas Neues lernen und Ihren Gedankenprozess positiv verändern wollen, benutzen Sie dieses Buch täglich. Lesen Sie morgens, mittags, nachmittags und abends darin, wann immer Sie eine freie Minute haben. Statt ungeduldig zu werden, wenn Sie irgendwo anstehen müssen, lesen Sie ein paar Zeilen in diesem Buch und flüstern dem, der neben Ihnen steht, ein paar nette Worte ins Ohr. Bauen Sie den Inhalt, wie ich es getan habe, in Ihren Alltag ein. Haben Sie den starken inneren Willen, eine positive Veränderung in Ihrem Leben zu erreichen.

Wenn es Ihnen hilft, lesen Sie mit einem Stift, unterstreichen und markieren Sie sich Wörter, die Ihnen auffallen und die Sie verwenden können. Benutzen Sie das Buch als Arbeitsbuch. Je mehr Sie dieses Buch verwenden, umso größer ist die Chance, dass Sie das Gelernte auch aktiv benutzen, denn wir lernen am besten, wenn wir es auch tun. Verwenden Sie daher die Wörter, die Ihnen später in den Wort-Listen vorgestellt werden, bei jeder Gelegenheit, in der Arbeit, in der Freizeit, bei Freunden, Bekannten, auf Partys etc.

Viel Spaß und Erfolg!

Vera F. Birkenbihl zu diesem Buch

Als der Übersetzer, Peter Gerlach, mich bat, zu prüfen, wie mir die Idee dieses Büchleins gefiele und ob ich sie für eine Übersetzung und Veröffentlichung auf Deutsch empfehlen würde, fiel meine Antwort sofort positiv aus. Warum? Nun, aus drei Gründen, denn die im Kapitel „Die James-Apotheke" enthaltenen Wort-Listen können Ihnen spielerisch sehr helfen:

1. **Ihre Lebens-Qualität zu erhöhen:** Hier sehe ich ein phänomenales Konzept von Anthony ROBBINS als hervorragene Ergänzung zum Ansatz von Neil James, wobei die Wort-Listen die ROBBINS-Strategie sehr erleichtern.
2. **Ihr Sprachgefühl zu trainieren:** Hier möchte ich Ihnen das RUSSELsche Sprach-Spiel vorstellen, das Sie alleine, zu zweit oder in Gruppen spielen können. Auch hierbei sind die Wort-Listen eine wunderbare Hilfe.
3. **als KaWa©-Liste:** Hier geht es um meine kreative Denk-Technik (Details im Kapitel *Kreative KaWa©-Listen,* S. 24), bei der die Wort-Listen Ihnen die Denk-Arbeit ebenfalls enorm erleichtern können.

Mir war sofort klar, daß ich das Buch **für meine Seminar-Teilnehmer/innen haben möchte** und daß ich demzufolge „dafür“ bin. Als ich dies Herrn Gerlach mitteilte und er wiederum dem Autor berichtete, ergab sich die Frage, ob ich diese Gedanken für meine Teilnehmer/innen mit **ins Buch einbringen** könnte, damit alle Leser/innen des Buches diesen Vorteil ebenfalls hätten. Nun, auch hierzu habe ich ja gesagt, deshalb finden Sie meine drei Kapitel im Anschluß.

Wenn Ihnen im Laufe der praktischen Erfahrungen mit diesem Büchlein noch weitere Ideen einfallen, dann teilen Sie mir diese doch bitte unter **www.birkenbihl-insider.de** mit, damit wir sie bei späteren Auflagen berücksichtigen können.

Ich wünsche Ihnen, wie immer, viel Entdeckerfreude,

Ihre

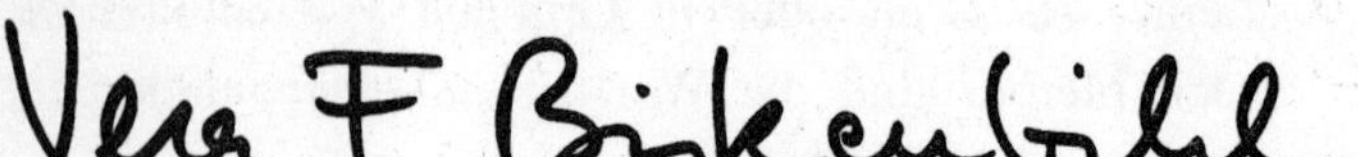

Ihre Lebens-Qualität

Oder: Wie reden Sie eigentlich mit anderen bzw. mit sich selbst?

Jedes Wort, das wir denken oder aussprechen, wirkt sich auf unsere Wahrnehmung, sowie auf unsere späteren Erfahrungen aus. Angenommen Sie erleben akuten Zorn, weil ein Mitmensch die Unverfrorenheit besaß, etwas zu tun, was Sie unmöglich finden. Nun „sagen" Sie etwas über die Situation. Entweder Sie sprechen darüber, z.B. zu einem Freund, oder aber Sie „reden" mit sich selbst darüber. Übrigens bezeichnet der Araber diese Art von Denken als „mit seiner Seele sprechen". Diese Formulierung hilft uns, uns darüber klar zu sein, daß unsere Seele immer zuhört, egal ob wir unsere Worte ausgesprochen haben oder ob sie nur in uns klingen (innerer Monolog).

Zurück zu Ihrer Frust-Situation. Was werden Sie anderen (oder Ihrer Seele) jetzt erzählen? Sagen oder denken Sie jetzt vielleicht: „Ich bin stocksauer!", oder: „Ich hasse es, wenn jemand (das) tut!", oder: „Ich könnte ihn erwürgen!!"? Kennen Sie eigentlich Ihre bevorzugten Redewendungen bei Ärger? Dann notieren Sie sie doch bitte hier (falls Sie sie nicht kennen, fragen Sie einige Freunde, die kennen Sie so gut, daß sie Ihnen die Frage wahrscheinlich beantworten können. Nur die „stillen Wasser" müssen alleine herausfinden, welche Lieblingsfloskeln sie bei Ärger haben ...) Meine Lieblings-Formulierung(en) bei Frust/Ärger:

____

____

____

____

Je „kämpferischer" Ihre Formulierungen sind, desto wichtiger ist der nächste Schritt, wenn Sie sich bitte fragen: Wie werden Sie eine vergleichbare Situation in der Zukunft erleben, wenn Sie anderen oder Ihrer Seele regelmäßig erklären, wie furchtbar Sie leiden? Und was wollen Sie sagen oder denken, wenn es wirklich einmal um eine Frage des Überlebens gehen sollte, wenn Sie bei Alltags-Ärger derartig schweres verbales Geschütz auffahren?!

Was würde passieren, wenn Sie die FORM-ulierung veränderten? Merke: Die FORM-ulierung ist die FORM, die Sie Ihren Gedanken geben: kämpferisch, Opfer sein, aufgeben, angreifen, sich krank fühlen etc. Nun fragen Sie sich, wie Sie sich wohl fühlen würden, wenn Sie stattdessen gesagt oder gedacht hätten „Diese Situation fasziniert mich"? Können Sie sich vorstellen, dass Sie mit einer derartigen FORM-ulierung eher in Richtung einer intelligenten LÖSUNG denken würden, statt sich über das Problem zu erregen? Was, meinen Sie, werden Sie „im Bauch" empfinden, wenn Sie in sich Neugierde und Interesse zu wecken vermögen? Wenn Sie also statt mit dem „tumben“ Reptiliengehirn auf kreative Denk-Prozesse des intelligenten Hirns umschalten könnten?

Das gleiche gilt, wenn wir der Umwelt unsere Gefühle mitteilen. Was wird der Auslöser unseres Zorns wohl empfinden, wenn wir ihn mit unserer Unfähigkeit, auf ihn einzugehen, konfrontieren? Und wie, glauben Sie, würde er es finden, wenn wir in der Lage wären, Interesse auszudrücken, um mit ihm gemeinsam eine (neue) Lösung anzustreben?

Seit langem haben Forscher darauf hingewiesen, daß Sprache das Denken und Fühlen FORM-t: z.B. William JAMES vor über 100 Jahren, Alfred Graf von KORZYBSKI. Er nahm übrigens die NLP-Bewegung in den 30er Jahren des letzten Jahrhunderts vorweg und es war seine Metapher (Die Sprache als Landkarte!) und seine Idee des Semantischen Reflexes, die das Fundament von NLP geworden sind. Der Sprachforscher Benjamin Lee WHORF zeigte den engen Bezug zwischen Sprache und Denken und kam zu einem ähnlichen Schluß wie WITTGENSTEIN *(Die Grenzen meiner Sprache sind die Grenzen meiner Welt).* Ein moderner Autor hat diese Zusammenhänge (über den „Umweg“ von NLP) ebenfalls entdeckt und äußerst gut lesbar auf den Punkt gebracht: Anthony ROBBINS. Ich empfehle meinen Teilnehmer/innen seit vielen Jahren in seinem zweiten Buch *(Das ROBBINS POWER-Prinzip)* die Kapitel 8, 9 und 10 einmal pro Jahr (wieder) zu lesen.

ROBBINS nennt das bewußte Verändern der Begriffe (was ich als FORM-ulierung bezeichne) das transformatorische Vokabular.

> Indem wir die Wörter, die wir wählen, in eine andere FORM übersetzen (TRANS ...), verändern (trans-FORM-ieren) wir zwangsläufig auch unsere Gefühle.

Was zunächst ein Wortspiel zu sein scheint, wird schon bald Ihr Empfinden steuern. So, wie Sie sich früher selbst „in Rage“ geredet haben, können Sie sich auch in eine verständnisvolle, kreative innere Haltung hineinreden. Sagen Sie in Zukunft in solchen Situationen zu anderen (oder Ihrer Seele) neue, ebenso mächtige Worte, z.B.:

- Faszinierend!
- Das ist eine interessante Herausforderung.
- Früher hätte ich mit Ärger reagiert; heute regt sowas mein Denken an!
- Jetzt gilt es nur noch herauszufinden, was an der Sache positiv ist!

In Situationen, in denen Sie es nicht sofort schaffen, auf eine konstruktive Formulierung, die Ihre Kreativität anregt, „umzusteigen“, könnten Sie eine Redewendung testen, die meine Mutter „drauf hatte“ und die sich schon oft bewährt hat:

- Wie finde ich denn das?

Das Denken dieser Frage ist wie ein SPRUNGBRETT zu einer positiven Formulierung. Wird sie ausgesprochen, dann löst sie in der Regel ein erstauntes Mitdenken Ihres Gesprächspartners aus.

Falls Sie es (noch) nicht glauben: Überzeugen Sie sich! Testen Sie diese Strategie nur drei Wochen lang. Sagen Sie Ihrer Seele, daß Sie danach zu Ihrem alten Vokabular zurückkehren dürfen, wenn Sie das dann noch wollen. Ist das fair?

Und nun sehen Sie, warum mir das Konzept von Neil JAMES gleich gefallen hat: Diese Listen werden Ihnen helfen, wenn Sie merken, daß Sie im Begriff sind, sich durch Ihre Sprache immer tiefer in negativen Gefühlen zu verstricken, wenn Sie das folgende Training durchlaufen:

Mini-Kreativitäts-Übung

1. Blättern Sie in den Wort-Listen (ab S. 51), lassen Sie Ihre Augen wandern und picken Sie sich drei positive Begriffe heraus.
2. Schreiben Sie diese auf einen Zettel.
3. Bilden Sie (optimal schriftlich!) pro Wort mindestens drei Sätze, die sich auf Ihr Problem beziehen und die den jeweiligen positiven Begriff verwenden!

Sprachgefühl trainieren: Das RUSSELsche-Sprach-Spiel©

Kennen Sie das RUSSELsche-Sprach-Spiel©?[1] Nun, es geht ganz einfach! Sie können alleine oder in der Gruppe spielen, ich schildere zunächst die Einzel-Version:

Für eine/n einzelne/n Spieler/in

1. Sie beginnen mit einem Begriff, über den Sie reflektieren wollen und sammeln Synonyme (Begriffe, die ungefähr dasselbe ausdrücken), z.B. für Geld (Finanzen, Mark, Moneten, Kohle, Zaster). Bitte legen Sie für jeden Begriff eine Tabelle an, in der Sie die Synonyme untereinander auflisten. Legen Sie neben jeder Wort-Spalte eine schmale Spalte mit Platz für ein Kontrollzeichen (später) an. Übrigens neigen Einsteiger/innen dazu, nur Substantive (Hauptwörter) aufzulisten, aber alle Wortgruppen sind erlaubt: Natürlich können die Begriffe auch Verben (Tätigkeitswörter) oder Adjektive/Adverbien (Eigenschafts-/Umstandswörter) sein!

---

1 gemeint ist natürlich Bertrand RUSSEL.

2. Wenn Ihnen die Ideen ausgehen, dann ist es erlaubt, in einem Synonym-Wörterbuch nachzuschlagen. In der Regel ist ja unser passives Vokabular (welches Begriffe erkennt) weit größer als unser aktives (mit dem wir uns aktiv ausdrücken können). Durch das Nachschlagen in einem Wörterbuch finden wir viele weitere „passive" Begriffe, die wir durch das Eintragen (und das Spielen im letzten Schritt) aktivieren werden.

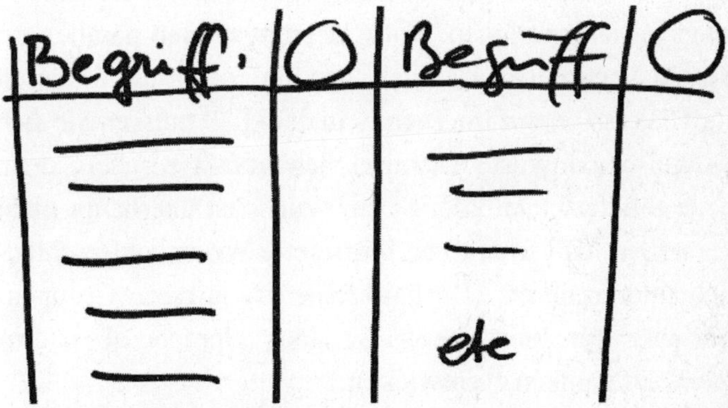

3. Wenn unsere Liste (für heute) fertig ist, folgt ein sehr spannender Schritt: Wir bewerten (beurteilen) jedes Wort nach seinem emotionalen Wert für uns. Wir fragen uns nämlich: **Wie mutet dieser Begriff mich an?**

Diese Einschätzung bringen wir zum Ausdruck, indem wir hinter jedem Begriff ein Plus- oder ein Minuszeichen setzen bzw. ihn durch einen Bindestrich als „neutral" ausweisen. Neutral heißt in diesem Zusammenhang: Entweder, wir empfinden den Begriff als sachlich/neutral (weder positiv noch negativ) oder wir denken: Dieser Begriff kann sowohl positiv als auch negativ interpretiert werden und ist demzufolge nicht eindeutig bewertbar.

Den letzten Schritt erkläre ich Ihnen nach der Gruppen-Variante, weil er bei beiden Spiel-Arten identisch ist. Übrigens kann dieses Spiel besonders interessant werden, wenn Sie zu mehreren spielen, wobei sich in der Gruppe zwei Varianten eignen: Entweder Sie spielen parallel zur Single-Version (oben), oder aber Sie nutzen die Situation für Diskussionen zum Thema. In dem Fall müssen Sie sich teilweise auf wüste Diskussionen gefaßt machen, denn neue Spieler/innen können sich zunächst überhaupt nicht vorstellen, daß Menschen bestimmte Wörter unterschiedlich interpretieren. (Deshalb habe ich ja diese Gruppen-Variante für mein Spezial-Seminar „Sprache als Instrument des Denkens" entwickelt.)

Die Gruppen-Variante mit Diskussionen

1. Alle Teilnehmer/innen notieren ihre Assoziationen zum Thema.
2. Wenn alle fertig sind (oder nach Ablauf der vorher vereinbarten Zeit) nimmt der/die heutige Spielleiter/in ein Blatt Papier, das in drei Spalten (negativ, neutral, positiv) eingeteilt wird.

3. Nun gilt es, die Begriffe (Zurufe der Mitspieler/innen) in diese Spalten einzutragen, z.B. (Thema: Geld) die „Penunze“. Nun fragt der/die Spielleiter/in: „Wo soll ich das eintragen?“ und die Gruppe diskutiert …

 negativ (möglicherweise ein Gegen-Euphemismus)	 1. sachlich/neutral 2. nicht einzuordnen	 positiv (möglicherweise ein Euphemismus)

Was dieses Spiel Ihnen u.a. zeigen wird ist, daß man manche Begriffe in mehrere (manchmal sogar in alle drei Spalten) eintragen muß, denn: Es gilt herauszufinden, also nur zu erfassen (wie Forscher!), wie die Gruppen-Mitglieder die Wörter empfinden.

Bitte lassen Sie die Debatten, die bei manchen Begriffen entstehen, unbedingt zu, denn genau darum geht es ja bei der Gruppen-Variante. Es gibt nämlich kein „richtig“ oder „falsch“, das kann es auch nicht geben. Jede/r von uns hat mit denselben Wörtern andere Erfahrungen gemacht. Für eine Person ist ein Begriff (z.B. vollschlank) positiv besetzt. Ein anderer mit anderen Erfahrungen hält diesen Begriff für eine Beleidigung und ein dritter sagt, es sei ja nur eine sachliche Beschreibung.

Merke:

> Es gibt beim RUSSELschen Sprach-Spiel keine „richtigen" oder „falschen" Antworten. Es gibt nur rechthaberische Spieler/innen, die noch nicht begriffen haben, dass jeder Mensch seine eigenen emotionalen Erfahrungen mit Begriffen einbringt und diese natürlich für „richtig" hält. Was wir hier lernen ist: „Richtig" für A muß nicht „richtig" für B heißen, insbesondere wenn es um emotionale Reaktionen geht!

Das alles waren die Vorbereitungen zum eigentlichen Spiel, denn das kann erst erfolgen, wenn Sie eine kleine Ansammlung von Begriffen haben. Denn jetzt werden Sätze gebildet. Solo-Spieler notieren diese in ein Journal, Gruppen-Spieler können entscheiden, ob ein (jedesmal neu zu wählender) „Sekretär" die Ergebnisse festhalten soll. Es lohnt sich, denn die Resultate können sehr spannend sein.[2]

---

2 Es würde mich freuen, wenn Sie uns Ergebnisse mitteilen bzw. wenn einige von Ihnen mitmachen, dann werden Sie dort bald Beispiele von anderen Spieler/innen finden, die Ihnen wiederum zur Verfügung stehen. (www.birkenbihl-insider. de)

Der letzte Schritt für Solo- oder Gruppen-Spieler

Nun folgt das eigentliche Spiel, das im Englischen als „unregelmäßiges Steigern" bekannt geworden ist. Sie bilden nämlich jetzt (mündlich oder schriftlich) Aussagen, in denen Sie Begriffe der unterschiedlichen emotionalen „Werte" einander gegenüberstellen.

1. Ich esse feinstes Filet, du ißt ein Steak und er bekommt ein Stück Schlachtvieh.
2. Ich spreche über wichtige Dinge, du redest zur Sache und er quatscht nur Unsinn.
3. Ich bin umsichtig, du bist vorsichtig, er ist feige.
4. Ich bin sparsam, du bist knauserig, er ist geizig.
5. Ich beziehe ein Gehalt, du erhältst eine Entlohnung und er bekommt freitags seine Lohntüte[3].

[3] Für die jüngeren Leser/innen kaum noch vorstellbar, daß Arbeiter früher jede Woche ihre Lohntüte (genauer ein Briefcouvert) erhielten, für das sie oft an einem Zahlfenster Schlange stehen mußten.

Kreative KaWa©-Listen

Kennen Sie KaWa©? Wenn JA, dann überspringen Sie dieses Kapitel. Andernfalls lesen Sie bitte weiter.

KaWa© – Was ist das?

Um Sie zu animieren, aktiv einzusteigen, zitiere (und paraphrasiere) ich einige (verkürzte) Passagen aus meinem Buch *„Stroh im Kopf?“* (welches ab der 36. Auflage völlig überarbeitet wurde). Interessierte finden weit mehr in meinem *großen Analograffiti©-Buch* (Arbeitstitel, derzeit noch in Arbeit[5]).

Das Schöne an dieser von mir entwickelten, kreativen Denk-Technik KaWa© ist, daß Einsteiger/innen die Grundlagen in drei Minuten verstehen.

Was die Feinheiten angeht, so bringt eigenes Ausprobieren und Entdecken schnell tiefe Einsichten. Lassen Sie

---

[4] **KaGa**s und **KaWa**s sind Teil eines **kreativen DenkStils,** den ich als **ANALOGRAFFITI©** bezeichne. Eine **kurze** Einführung finden Sie in *Stroh im Kopf?* (ab 36. Auflage), *Das Birkenbihl-ALPHA-Buch* und *RHETORIK - Reden für jeden Anlaß;* die ausführliche Behandlung ist für **Herbst** 2001 geplant (Arbeitstitel: *Das große Analograffiti-Buch*). Sie finden **rechtzeitig** Infos (und Leseproben) unter **www.birkenbihl-insider.de**

[5] Das „große Analograffiti-Buch“ wird frühestens zum Herbst 2001 im Handel sein.

sich einfach darauf ein, damit Sie sich überzeugen, wozu diese Art von Denken die so Denkenden befähigt! … Die Erfahrungen seit 1993 haben klar gezeigt:

> Wer Situationen /Probleme mit KaWa©[6] durchdenkt, erlebt immer wieder, wie schnell dieser Ansatz zu völlig **neuen,** oft sehr **überraschenden Ergebnissen** führt, die häufig weit intelligenter und kreativer sind, als man es **sich selbst zuvor zugetraut** hätte.

Da es sich hier um eine extrem kurze Einführung handelt, machen wir es wie im Seminar und sagen: Kümmern Sie sich voräufig nicht darum, wie der Name KaWa© entstand. Nehmen Sie es einfach wie einen Eigennamen hin und beginnen Sie sich auf die Sache selbst, also auf diese Art zu denken, einzustellen. Spielregel:

Wir wollen **für jeden Buchstaben** des Wortes, Begriffes oder Namens (= unser Thema/Problem) mindestens eine Bedeutung pro Anfangs-Buchstaben finden (ähnlich wie beim Kreuzworträtsel). Warum das so hilfreich ist, erfahren Sie am schnellsten, indem Sie es tun. Als erstes Beispiel könnten Sie mit dem Begriff „Wort“ spielen, ehe Sie das Buch umdrehen und die Beispiele mit Ihrem Ergebnis vergleichen …

---

[6] In Wirklichkeit besteht die Analografie aus zwei Denk-Wegen (KaGa© und KaWa©), aber im Zusammenhang mit diesem vorliegenden Buch ist nur eine von Bedeutung, nämlich die sprachliche Variante (also KaWa©, wobei das „W“ für *WORT* steht)!

Ich habe den Leser/innen meines monatlichen Coaching-Briefes (vgl. **www.birkenbihlbrief.de**) vorgeschlagen, mit **Namens-KaWas**© einzusteigen, und die sofortigen positiven Reaktionen zeigten, daß dieser Weg ohne weitere Vorkenntnisse einen extrem leichten Einstieg darstellt und richtig Spaß macht. Beginnen Sie vielleicht mit dem Namen einer Person, die Sie gut kennen. Dies kann ein Familienmitglied sein, ein/e Freund/in (der Familie), ein/e Nachbar/in, ein/e Kolleg/in usw. Schreiben Sie den Namen in großen Buchstaben (z.B. mit einem sehr dicken Filstift) und lassen Sie dann Assoziationen zu jedem Buchstaben in sich hochsteigen. Wichtig ist, daß Sie es geschehen lassen, daß Sie innerlich loslassen, daß Sie es zulassen, daß Sie sich auf das geistige Abenteuer einlassen. Sie wollen Ihr eigenes (unbewußtes) Wissen anzapfen.

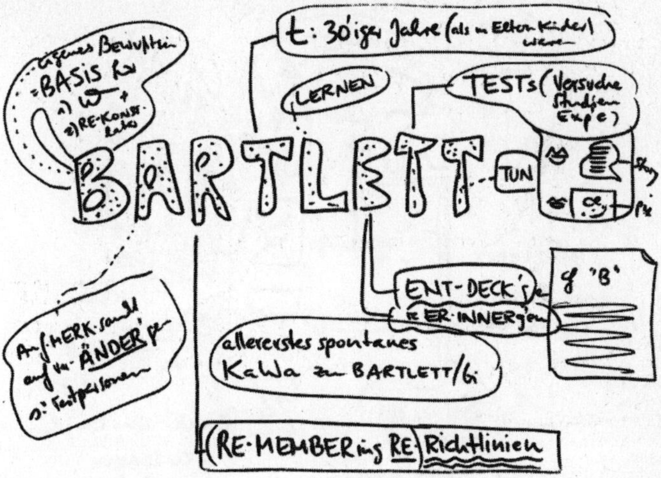

Sie können genauso gut ein KaWa© mit dem Namen Ihrer Firma anlegen, oder dem Namen Ihrer Straße (Stadt, Gemeinde)! Oder finden Sie heraus, was Ihnen der Name Ihres Lieblings-Autors „sagt“, oder der Name eines Produktes, das Sie regelmäßig nutzen, wobei wir hier eine interessante unscharfe Grenze überschreiten, nämlich zwischen einem Eigennamen und einem Begriff. Worte sind ja Namen für Dinge, Prozesse oder Lebewesen (deshalb heißt Hauptwort im Lateinischen nomen (= Namen)). Also vollziehen wir den Übergang zu einem Schlüsselwort, über das Sie derzeit (bzw. regelmäßig) nachdenken wollen.

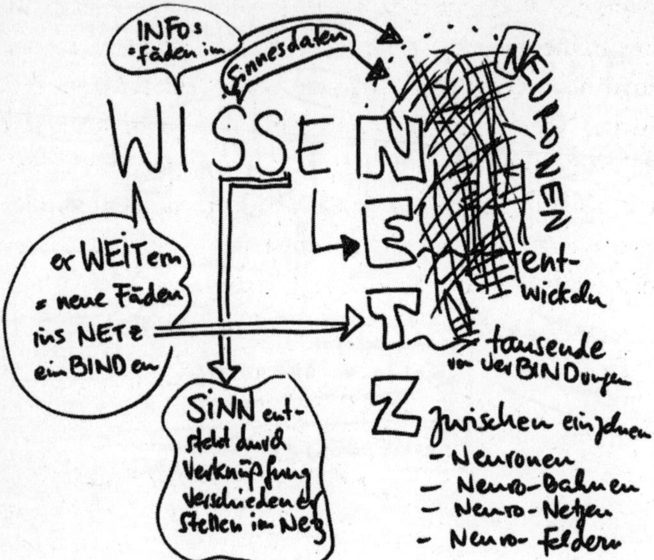

Sie sehen, so ein KaWa© wird keinesfalls als sauberes „erwachsenes“ End-Produkt „geboren“ sondern es bildet einen Ent-WICKLUNGs-prozeß ab, bei dem wir das „herauswickeln“, was bereits in uns schlummert. Wir machen unsere unbewußten Gedanken bewußt und entwickeln sie weiter. Somit entsprechen KaWa©-Denk-Prozesse auch einer geistigen Evolution. Dieses Denk-Tool (Werkzeug), hilft uns beim Denken, neue Ver-BIND-ungen zu entdecken oder neue Ein-SICHT-en zu gewinnen usw. Es geht nicht darum, ob wir schon einmal über einen Begriff nachgedacht haben, oder?! Wenn Sie ohne Stift denken, dann denken Sie über manche Themen doch auch mehrmals (bzw. immer wieder) nach, oder?! Hier habe ich wieder einmal über den Begriff Wissen (und mein Konzept des Wissens-Netzes) reflektiert. Es kann ungemein spannend sein, zu bestimmten Schlüsselwörtern immer wieder ein neues KaWa© anzulegen. Spätere Vergleiche zeigen, daß immer wieder neue Einsichten entstehen … Na also! Hier zum zig-ten Male ein KaWa© zu Wissen:

6 kleine KaWa©-Tipps

1. Taucht ein Buchstabe mehrmals auf (z.B. „E" und „N" wie in „Lernen") dann können Sie sagen, Sie wollen jeden Buchstaben nur einmal als Assoziations-Anker verwenden. Diese Variante wählen Einsteiger/innen gerne, da die Ideen ja noch nicht so schnell fließen wie später. Es ist wieder wie bei den Kreuzwort-Rätseln: Die ersten können durchaus noch etwas mühsam sein, aber später tun die Leute es freiwillig! Das heißt: Später, wenn es imer leichter fällt, dann schreiben wir sowieso oft mehrere Assoziationen bei einem Buchstaben auf (vgl. die beiden „S" in Wissen, S. 29).

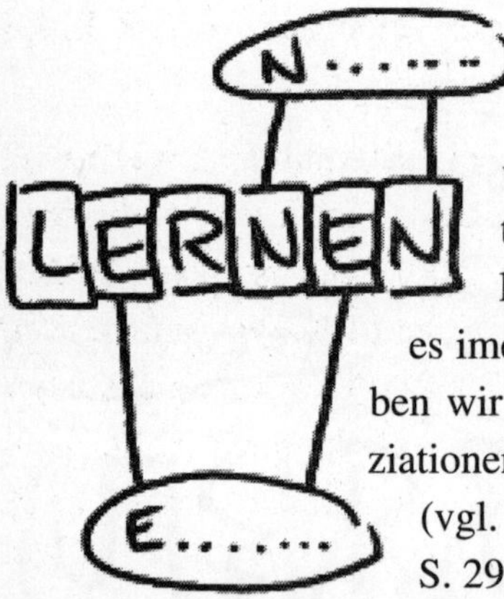

2. Manchmal fange ich vorne oder hinten an und bewege mich „der Reihe nach" am Wort entlang, manchmal aber springe ich „wild umher", je nachdem, welche Ideen zuerst „herausbrechen". Beim „wilden" Vorgehen hat es sich bewährt, (in einer kleinen Denk-Pause) die bereits bearbeiteten Buchstaben zu markieren, z.B. gelb anmalen (was später, wenn Sie ein KaWa© in fotokopierter Form weitergeben wollen, unsichtbar bleibt). Wenn ich gerade keinen

Marker zur Hand habe, markiere ich die Buchstaben, die „dran“ waren, mit kleinen Punkten (vgl. „Wissen“, oben).

3. Manchmal fällt mir zu einem Buchstaben absolut nichts ein, dann sind Wort-Listen wie die von Neil JAMES natürlich extrem hilfreich. Fahren Sie mit dem Auge ein wenig auf den Seiten mit Ihrem gesuchten Buchstaben „herum“, dabei fällt Ihnen fast immer etwas AUF oder ein Begriff löst eine weitere Assoziation aus, so daß Ihnen dann doch etwas EIN-fallen kann!

4. Manchmal muß man „kreativ schummeln“, wenn man einen (weiteren) Begriff unbedingt ins KaWa© einbringen möchte, für den es keinen passenden Buchstaben gibt. Angenommen, Sie machen ein Namens-KaWa© und wollen zum Ausdruck bringen, Ihr Freund Peter sei ein absoluter Autonarr, aber PKW (bei „P“) gefällt Ihnen nicht, denn Peter liebt ja Autos (nicht PKWs!). Dann könnten Sie z.B. bei „T“ eintragen: totaler Autonarr.

5. Manchmal muß man eine Lücke stehen lassen! Vielleicht fällt Ihnen später etwas ein, vielleicht morgen, vielleicht nie! Es gibt keine eiserne Regel, daß bei jedem Buchstaben etwas stehen muß. KaWa©s sollen Ihr Denken nicht lähmen, sondern beflügeln! Bei manchen Buchstaben fallen uns vier oder fünf Ideen ein (zu!), bei einem anderen keine einzige. Jedes KaWa© soll sich frei und fließend (entspannt!) entfalten, und wenn mal eine Lücke bleibt: so what (= was soll’s)?

6. Tragen Sie immer eine Kladde mit sich herum! Wissenschaftler, Künstler, Genies u.ä. können mit einem Stift in der Hand besser denken - warum nicht auch Sie? so sieht z.B. mein erster Versuch zum Thema Humor[7] aus:

Und nun wünsche ich Ihnen viel Spaß mit dem Teil von Neil JAMES und Peter GERLACH!

---

7 vgl. meinen Video-Vortrag und mein Taschenbuch: *Humor – An Ihrem Lachen soll man Sie erkennen* **(www.birkenbihl-insider.de).**

Die Geburt einer Idee

von Neil James

Haben Sie sich jemals gefragt, wo all das Negative herkommt? Wie kommt es, dass wir trotz allem Großartigen, Guten und Schönen immer noch automatisch zum „guten" alten Negativen neigen?

Nun, es kann eine Menge mit der Tatsache zu tun haben, dass in einem Wörterbuch durchschnittlichen Umfangs von ca. 115.000 Wörtern nur 4.208 als positiv, stark, kraftvoll und anregend bezeichnet werden können. Das sind gerade mal knapp vier Prozent der zur Verfügung stehenden Wörter. Was noch schlimmer ist:

Mehr als zweimal so viele Wörter wirken entkräftend, hinterhältig, bedrückend, herabsetzend, kritisch und negativ. Wenn also 8.837 negative Wörter 4.208 positiven gegenüberstehen, wundert es dann, wenn der natürliche Gesprächsfluss, Gedanken und Ideen sehr stark zum Negativen tendieren, zumal uns das Negative weit schneller von der Zunge geht als im Verhältnis zwei zu eins?

Was uns ausmacht, sind im Wesentlichen unsere Gedanken, und unsere Sprache wird somit ganz drastisch durch diese Gedanken beeinflusst. Wenn ich also irgendein Ziel mit diesem Buch verfolge, dann ist es das, den negativen Trend des Denkens, der Sprache und des Handelns umzukehren und eine Veränderung im Gebrauch unserer geistigen Fähigkeiten in jede Lebenssituation herbeizuführen. Wie George Bernard Shaw so gern sagte:

Ich glaube nicht an Zufälle, denn die Menschen, die auf diese Welt kommen, gehen raus in die Welt und suchen sich die Zufälle, die sie wollen, und wenn sie sie nicht finden, dann führen sie sie herbei.

Woher kam also die Idee für dieses Buch der positiven Wörter? Was war der Auslöser?

Ich war auf einer Konferenz in York. Als ich an einer Gruppe unserer Geschäftsfreunde aus der Schweiz vorbeiging, bekam ich einen Teil ihrer Unterhaltung mit: „Das Geheimrezept lautet: Du musst *leben, lachen und lernen.*" Das war's; das war alles. Nur ein Bruchteil einer Unterhaltung. Ich weiß nicht, um was es ging, aber im Vorbeigehen setzte es sich in meinem Kopf fest, verharrte, arbeitete und wuchs. *Nun hamstere ich Ideen.* Ich trage immer einen kleinen Notizblock bei mir, um Gedanken, Eindrücke, Redewendungen und Ideen niederzukritzeln, und dieses Bruchstück kam sofort hinein. Es tat mehr als das. Es arbeitete weiter in mir, und plötzlich spielte ich mit einem Konzept. *Leben, Lachen und Lernen.* Mächtige, positive und kräftigende Worte. Worte fürs Leben.

Als ich von der Konferenz zurückkehrte, schrieb ich diese drei Wörter auf ein Flip-Chart in meinem Büro und ließ sie dort eine Weile unbeachtet stehen. Wie jede gute Idee gaben sie keine Ruhe.

Die Idee begann zu wachsen, zuerst langsam, unter Einbezug von nur einem Wort – *Lieben.* Ich spürte, dass dies eine mächtige Botschaft war, dass es das ist, um was es im Leben geht: **– Leben – Lachen – Lieben – Lernen –** und ich machte es zu meinem Leitfaden.

Im Verlauf eines Monats erschienen drei weitere Buchstaben auf den Flip-Chart, die aus den verschiedensten Gründen ihre eigenen Wörter nach sich zogen, wie:

Freude – frei – Freunde – Ruhm
(Fun – Free – Friends – Fame)
glücklich – gesund – ehrlich – heilig
(Happy – Healthy – honest – Holy)
energisch – aufregend – begeistert – außergewöhnlich
(Energetic – Exciting – Enthusiastic – Extraordinary)

Ich begann, sie auszuprobieren. Auf die Frage „Wie geht es Dir?" war meine spontane Antwort: „Nun, ich bin glücklich, gesund, ehrlich und heilig". Manche Leute schauten mich an, als ob ich total verrückt wäre, aber der Großteil lächelte, und wenn ich mit den *E-Wörtern* antwortete, meinten sie: „Du bist in der Tat außergewöhnlich!"

Der springende Punkt war jedoch, dass ich Spaß daran hatte, und ich bemerkte, dass die Haltung anderer Menschen und meine eigene sich als Folge veränderten. Auf jeden Fall setzte dies dem herkömmlichen „Oh, mir geht's gut, wie geht's Dir?" oder dem abgedroschenen „Ach, nicht schlecht heute, nur mein Genick macht mir etwas zu schaffen. Schade, dass es kalt ist. Wie geht's Dir? Hast Du immer noch Probleme mit dem Rücken?" ein Ende.

Wie mit allem, was funktioniert, vertieft man sich ein bisschen mehr hinein, und so fing ich ein weiteres Notizbuch an, immerhin mit einem Verzeichnis von A bis Z. Darin notierte ich alle für mich positiv belegten Wörter, die mir begegneten:
gewaltig, exotisch, strahlend, bezaubernd, Aufsehen erregend, künstlerisch, verlockend, edel, natürlich, erotisch, sanft, einzigartig, wirklich, jetzt, unternehmungslustig, bemerkenswert, belebend, auffallend, schön und viele mehr.

Als sich das Notizbuch allmählich füllte, merkte ich in mir eine starke Veränderung in meiner Einstellung zu Situationen und Menschen. Bereits durch das Lesen oder bloße laute Aussprechen der positiven Wörter hat sich meine Denkweise und meine Einstellung bemerkenswert schnell geändert.

Die innere Einstellung

Es gibt Zeiten, wo Dir etwas durch den Kopf schießt und Du hast das „Aha!/Heureka"-Gefühl. Das größte Aha-Erlebnis, das ich je hatte, war, als ich Viktor Frankls Buch „Der Mensch vor der Frage nach dem Sinn" las. Er beschrieb jegliche Art von Horror, worauf wir hier nicht eingehen müssen. Inmitten dieses Schreckens gelangte er zur Erkenntnis der größten Weisheit, die meiner Meinung nach je von einem menschlichen Wesen ausgesprochen wurde. Diese Weisheit ist so gewaltig, dass ich sie nicht vorenthalten, verstecken oder in irgendeiner Weise verwässern will. Diese Wahrheit lautet einfach:

Die letztendliche Freiheit, die letzte Freiheit, die wir haben und die uns niemand nehmen kann, ist die Fähigkeit, unsere Einstellung zu einer gegebenen Lebenslage selbst zu wählen.

Frankl sah Menschen, die sich in zwei Gruppen einteilen. Die einen geben die Hoffnung auf, nach dem Motto: „Ich armer Tropf, warum musste gerade mir das passieren? Wie soll ich mir da nur selbst raushelfen?"

Die anderen sagen sich „O.k., damit kann ich's aufnehmen. Die Situation ist schrecklich, und ich bin nicht glücklich darüber, dass das gerade mir passiert ist. Was kann ich machen, um sie zu verbessern? Ich werde aus der

Geschichte herauskommen. Ich werde alles denkbar Mögliche tun, um das Beste aus der Situation zu machen. Inwiefern liegt es in meiner Macht, die Situation zu beeinflussen, vielleicht sogar zu ändern und richtig zu stellen?“

Ich bin sicher, dass Ihnen diese Einstellungen schon entweder durch eigene Erfahrung oder durch Freunde, Verwandte, Kollegen oder Gleichgesinnte begegnet sind. Es gibt Menschen, die sich der Situation fügen, die aufgeben und aufhören, sich zu entwickeln. Und es gibt welche, die persönlich Verantwortung für ihre Gedanken und Umstände übernehmen.

Um zu zeigen, dass es auf dem Gebiet der inneren Einstellungen und des Verhaltens der Menschen nichts Neues gibt, möchte ich auf einige Weisheiten von vor 2500 Jahren aus dem Griechenland der Antike zurückgreifen. Der Gelehrte und Philosoph Plato prägte einst, was auch heute noch volle Gültigkeit hat, dass er – wie Frankl – glaubte, dass Menschen in zwei Richtungen tendieren: die Richtung der Beeinflussung und die Richtung der Besorgnis (siehe Darstellung 1).

Die Menschen, die sich nur im Radius der Besorgnis bewegen, sind in der Regel aus dem Häuschen geraten; sie klagen ständig über dies, das und jenes. Jeder kennt sie. Man kennt die Unterhaltungen: „Mensch, warum unternimmt die Regierung nicht …“ „Wenn die Firma nur …“ „Typisch, nicht? Schau dir dieses Wetter an! Ich versteh nicht, dass es immer so ist“ – Sie wissen, was ich meine!

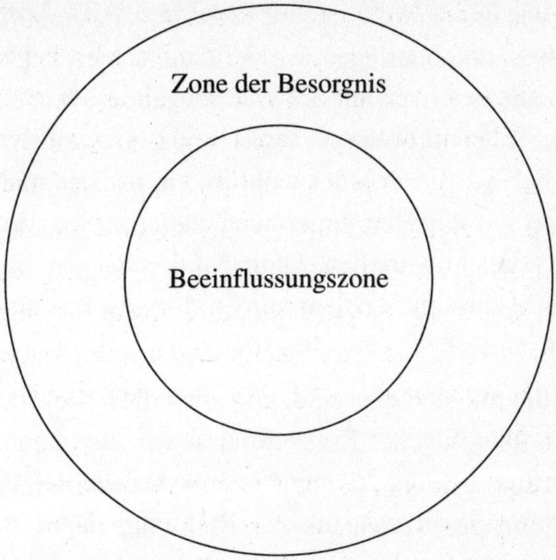

Darstellung 1
Zonen der Beeinflussung und der Besorgnis

Man erkennt, dass diese Leute, die außerhalb ihrer Einflusszone *agieren,* die Gewohnheit haben, immer woanders nach Lösungen zu suchen. Sie erwarten von anderen, dass sie in ihrem Leben alles recht machen. Ergibt das einen Sinn? Natürlich nicht. Sie suchen nämlich nicht nach Lösungen, die in ihrem eigenen Bereich liegen.

Sehen wir uns nun die andere Richtung an, die Zone des Einflusses, und überlegen, wo der Unterschied liegt. Ständig scheint es Krisen auf der Welt zu geben: Hungersnöte, Kriege, Rassenprobleme, Terrorismus, Gewaltherrscher. Persönlich wird sich jeder wohl sagen, dass es nicht viel gibt, was wir dagegen tun können, außer zu spenden oder Lobbyismus zu betreiben. Es macht uns Sorgen, aber wir können in diesem Moment keinen grossen Einfluss nehmen, stimmt's?

Leute, die mit sich eins sind, erkennen dies. Sie sind zwar besorgt, aber sagen: „Konzentrieren wir uns darauf, wie wir Einfluss nehmen können" oder sogar, weitreichender: „Arbeiten wir an uns, unserer Richtung, damit wir die Umstände, die uns Sorgen machen, beeinflussen können". Ich kenne zum Beispiel einen Mann, der für Crown Agents arbeitet. Er war äußerst besorgt über die Zustände in Bosnien und erarbeitete sich eine Position, durch die er unter Verwendung seiner Kenntnisse in Menschenführung und Logistik Einfluss nehmen konnte, um die Situation zu verändern. Er arbeitete so an seiner Einflusszone, dass diese einen Teil der Sorgenzone mit einschloss.

Das ist es, was eine positive Einstellung grundsätzlich ausmacht: die Fähigkeit, die von uns gewünschte Haltung in jeder Lebenssituation zu wählen und sich dann daranzumachen, etwas dagegen zu tun. Dabei muss es nicht so drastisch und ernst zugehen. Es kann etwas ganz Simples sein, wie das, was mir passierte, als mich ein alter Schulfreund anrief und sagte: „Wir haben uns lange nicht gesehen oder gesprochen, und ich dachte, dagegen tu ich was.“ *Das ist doch eine positive, lebensbejahende Haltung, oder?* Also, greifen Sie zum Telefon, schreiben Sie einen Brief, sagen Sie Ihrem/r Lebenspartner/in, wie sehr Sie ihn/sie lieben und was er/sie Ihnen bedeutet, aber, weit wichtiger: Tun Sie’s jetzt!

Nehmen Sie Einfluss in Ihrer eigenen Umgebung.

Unsere Gedanken

Eine weitere Perle der Weisheit, die uns manchmal hilft zu bestimmen, in welcher Zone wir uns befinden, ist das allgemein bekannte Zitat von Reinhold Niebuhr:

Gib mir die Gelassenheit, die Dinge zu akzeptieren, die ich nicht ändern kann, den Mut, das zu ändern, was ich ändern kann, und die Weisheit, zwischen beidem zu unterscheiden.

Der Unterschied zwischen den Situationen, die man nicht ändern kann und denen, die man ändern kann, der Unterschied zwischen unserer Besorgniszone und unserer Beeinflussungszone liegt nur in unserer Einstellung, und unsere Einstellung wird einzig und allein durch unsere Gedanken bestimmt.

Ich gebe Ihnen ein persönliches Beispiel. Ich saß mit einer Freundin namens Caroline vor einiger Zeit bei einer Tasse Kaffee und wir führten ein sehr gutes Gespräch, als sie sagte: „*Neil James,* glaubst du wirklich an all das, was du so predigst, d.h.: Was immer auch passiert – man kann seine Gedanken lenken, und damit wird alles gut?“

Ich antwortete, so sei es, und gab ihr dieses Beispiel: ‚Ich habe eine Beziehung mit einer wunderbaren Frau, auf die ich große Stücke halte, und eines Abends um 20 Uhr klingelt das Telefon. Um 19.59 waren meine Gefühle und Gedanken über sie genau diese: Hoffnung, Liebe, Zukunft,

Freude, Zusammensein, Abenteuer, Sinnlichkeit, Wachsen, Ekstase, Freundschaft, Gesinnungsgleichheit, Nähe, Vertrautheit, Glück, Respekt, Entzücken, Treue, Wärme, Ehrlichkeit, Begehren, Macht, Vertrauen. Gedanken, die sie sehr einzigartig machen. Ein klares Bild, nicht wahr?

Dann, um genau 20 Uhr, nur ein paar Sekunden nach all diesen starken positiven Gefühlen und Gedanken und als Konsequenz von etwas, das sie mir am Telefon sagte, waren meine Gedanken: am Boden zerstört, krank, kalt, zornig, enttäuscht, ungläubig, machtlos, verletzt, ausrangiert, eifersüchtig, verloren, traurig, sehr traurig, Verrat, den Tränen nahe, tränenreich, ich armer Kerl, warum gerade ich, pessimistisch, leidtragend … ein ganz anderes Bild, stimmt's?

Aber was hat sich wirklich geändert, was war hier passiert? Einen Augenblick fühlte ich mich als Herr aller Dinge, positiv und stark; im nächsten Augenblick fühlte ich mich zerstört. Äußerlich hatte sich nichts geändert, aber geistig hatte ich eine Nachricht aufgenommen (es hätte sich um eine x-beliebige Nachricht handeln können), sie verinnerlicht und sofort, aufgrund meiner Einstellung, war meine ganze Sinneshaltung verändert. Meine ganze Einstellung veränderte sich von einer positiven zu einer negativen. Ich hatte mich selbst in der Weise verändert, wie ich auf die Nachricht reagiert hatte.

Nun, verharrte ich in diesem Zustand? Natürlich nicht, denn ich kenne die Bedeutung der Beurteilung meiner Gedanken und Einflusszonen. Ich weiß, dass ich in jeder Lebenslage die Freiheit habe, meine Einstellung selbst zu wählen. Gerne würde ich sagen, dass ich die ganze Situation ebenso schnell umgedreht hätte, aber ich befinde mich noch immer im Lern- und Entwicklungsprozess. Um 20.30 Uhr hatte ich jedoch begonnen, die elementaren Dinge zu begreifen, die ich jetzt zu tun hatte. Ich sagte mir: Warte mal, um was geht es hier, wenn ich gerade noch so fühlte (Hoffnung, Liebe, Freude, Freundschaft …) und jetzt fühle ich mich so (zornig, verletzt, verloren, den Tränen nahe …), welches Gefühl habe ich lieber? Nun, es handelte sich nicht um einen Wettbewerb. Die Gefühle von 19.59 Uhr gaben mir entschieden mehr Kraft.

Also fasste ich bewusst den Entschluss, wieder zu den positiven Gefühlen zurückzukehren, denn, seien wir ehrlich, was hätte sich wirklich geändert? Ich wurde mit einer Tatsache konfrontiert, die sich außerhalb meiner direkten Einflusszone befand. Jemand anders (ganz gleich, wie sehr ich die Person liebte) hatte eine Entscheidung getroffen, die für sie in diesem Moment richtig und wichtig war. Ich stand vor der Möglichkeit, meine eigene Einstellung zu überprüfen, Verantwortung für den Gang meiner eigenen Gedanken zu übernehmen und zu denken: Gelassenheit, Mut und Weisheit.

Natürlich hätte ich weggehen und mich total betrinken können, wie ich das immer in der Vergangenheit getan hatte, wenn ich mit solch *emotionalen Dingen* konfrontiert wurde – aber ich tat es *nicht.* Natürlich hätte ich auch zornig bleiben können, verbittert, hätte mich selbst bedauern und ein Gerüst von Hass, Eifersucht und dem Gefühl „Warum gerade ich?“ und all diesem negativen Ballast aufbauen können, aber ich tat es nicht. Wie konstruktiv wären diese Mittel gewesen, um mit der Situation fertig zu werden? Anstelle all dessen nahm ich die Dinge selbst in die Hand.

Ich beschloss, die Situation zu nutzen, um mich auf das Positive zu konzentrieren und auf das, was ich in Wirklichkeit immer noch unter all dem Zorn fühlte. Ich benutzte die zurechtgelegten Gegenmittel kontinuierlich, um in einer positiven Geisteseinstellung zu bleiben. Ich hörte auf diese leise Stimme von innen und suchte nach einem Weg, um mit der Sache fertig zu werden.

Das Ergebnis war ziemlich drastisch. Mein ganzes Auftreten änderte sich sehr schnell. Ich wurde mir sehr bewusst, dass ich die Dinge unter Kontrolle hatte. Als wir uns ein paar Tage später trafen, verbrachten wir die konstruktivste, positivste und liebevollste Zeit, die wir je hatten. Also: Richtig, Caroline, ich bin der Meinung, dass wir unsere Gedanken lenken können, egal, was geschieht.‘

Wenn jemand an unserer Struktur rüttelt, wenn etwas passiert, das uns aus dem Gleichgewicht bringt, dann schauen wir zurück zu diesem Mittelpunkt, nehmen die Dinge in die Hand und wählen, wie Frankl sagte, „die Einstellung, die wir zu jeder Lebenssituation selbst wollen“.

Werden wir uns unserer letztendlichen Freiheit bewusst: der Freiheit, zu wählen und die Dinge so zu machen, wie wir sie uns wünschen.

Das Positive Denken

Die Gegenmittel und wie man sie verwendet

Albert Schweitzer sagte:

Die Menschen müssen aufhören, ihre Probleme der Umwelt zuzuschreiben, und müssen wieder lernen, die Dinge selbst in die Hand zu nehmen, persönliche Verantwortung zu übernehmen.

Was sind die Gegenmittel? Wie helfen sie Ihnen dabei, positiv zu bleiben? Die Gegenmittel sind eine Übung, in der wir Verantwortung für das übernehmen, was in unseren Gedanken vorgeht. Es sind positive, starke und lebensbejahende Wörter, Wörter, die das Gefühl von Stärke und Kontrolle hervorrufen, die positive Gefühle in uns wecken, Wörter, nach denen man sich richten und auf die man zugehen kann und Wörter, die wir unseren Nächsten zuflüstern.

Es können Wörter sein, von denen Sie denken, dass sie auf Sie zutreffen oder auf andere. Wenn Sie gerade verliebt sind oder eine feste Beziehung haben, dann durchsuchen Sie vielleicht die Liste gerne nach den Wörtern, die auf den/die Geliebte/n zutreffen. Vergessen Sie dabei jedoch nicht:

Was wir in anderen sehen, ist immer das, was wir auch in uns sehen.

Folglich erhalten auch Sie dabei einen Auftrieb. Es ist letztendlich ein Geschenk: Sie geben nicht nur, sondern Sie bekommen auch.

Eine weitere Art, die Wörter zu benutzen, ist, immer wieder einmal in sie einzutauchen, wenn ein negatives Ereignis, eine Bemerkung oder ein Gedanke auf Sie zukommt, so wie ich es gerade tat, als ich spürte, dass ein Gefühl des Zweifels an meinem Bewusstsein knabberte.

Es ist bewiesen, dass es unmöglich ist, zwei widersprüchliche Gedanken zur gleichen Zeit im Kopf zu behalten. Ich garantiere Ihnen, dass, wenn Sie einen negativen Gedanken haben, durch die Liste der positiv belegten Wörter schauen und sich die herausgreifen, die Sie ansprechen, der negative Gedanke nicht lange in Ihnen verharren wird. Er wird sich sehr schnell aus dem Staub machen.

Wieder eine andere Art, die Wörter zu benutzen, sind die sogenannten „Gegenwarts-Satzstämme", die die Wörter aneinander reihen. Ein Beispiel:

Ich bin glücklich, ich habe Vertrauen, ich bin sensationell. Ich bin großartig, ich bin frei, ich bin einzigartig … oder: Ich werde gut betreut, ich bin voller Liebe, ich bin gesund. Ich habe eine glänzende Zukunft vor mir, ich habe gute Freunde …

Die Satzstämme sind ein Weg zur Erkenntnis unserer selbst und was wir wirklich vollbringen können in unserem Leben. Merken Sie, dass die Antidote dann ganz persönlich werden und ausschließlich auf Sie zutreffen? Man kann sie benutzen für positive Bestätigungen, persönliche Sinnsprüche, Zielsetzungen, Vorausschauen und Aufgaben. Und das Beste überhaupt: Man kann sie ständig und für immer erneuern; es handelt sich nicht um etwas, das begrenzt ist oder einem weggenommen werden kann. Sie können sicher sein, dass Ihnen diese Wörter nie ausgehen werden und dass sie immer für Sie da sind. Ihre Vorstellungskraft ist die einzige Einschränkung.

Wenden wir uns diesen mysteriösen Wörtern zu und entdecken wir sie. Suchen wir nach Wörtern, die Ihr Leben verändern können oder zumindest einige Ihrer Begriffe.

Viel Spaß beim Lesen, und vergessen Sie nicht:
Eine Überdosis an positiven Gedanken gibt es nicht!

Die James-Apotheke

Gebrauchsanweisung (Bitte sorgfältig durchlesen)

Bitte beachten Sie, dass Antidote Gegengifte sind, und negative Gedanken sind das Gift für den Geist. Wenn Sie nicht vergiftet sind, brauchen Sie auch keine Antidote. Wenn Sie aber Gift in sich haben, dann nehmen Sie am besten ein paar hundert Antidote täglich, ab dem Moment, in dem Sie aufwachen, bis zu dem Augenblick, an dem Sie einschlafen.

Warnung

Es können Nebenwirkungen auftreten, die Sie total überraschen. Eine allgemeine Folgeerscheinung ist, dass Sie sich beim Lächeln ertappen oder dass Sie lauthals über die negativen Possen Ihrer Mitmenschen lachen, die nicht die gleiche „Medizin" einnehmen. Lassen Sie sich nicht entmutigen, *Sie* sind die gesunde Person!

Diese positiven „Wortdragees" sind außerordentlich gut für Sie. Nehmen Sie sie weiterhin ein.

Wort-Listen

A
Abendfrieden
Abendstern
Abenteuer
abenteuerlich
abenteuerlustig
Abenteuerspielplatz
Abenteuerurlaub
Abenteurer
Abenteurernatur
abheben
abrüsten
Acht geben
achten
Achtsamkeit
achtungsvoll
adelig
adeln
Adler
Adonis
adrett
affirmativ
affirmieren
agieren
agil
Agreement
aha!
ahnen
Ahnung haben
ahnungsvoll
akademisch
Akkord
akkurat
akribisch
akrobatisch
Aktion
aktiv
aktivieren
Aktivität
aktuell
akzeptieren
alemannisch
Alice im Wunderland
allegorisch
allerliebst
Allgemeinwissen
allliebend
allmächtig
Allrounder
allwissend
Alpha
altehrwürdig
ambitioniert
ambrosisch
Amor
amourös
amüsant
Amüsement
amüsieren
analysieren
anblicken
Änderung
aneinander fügen
anerkennen
Anerkennung
Anfang
anfangen
anfreunden
Anführer
Angebetete

Angebot
angemessen
angenehm
angeregt
angesehen
angetan
anheimeln
anhimmeln
animato
animatorisch
animieren
Anklang
anknüpfen
ankurbeln
anlächeln
anlachen
Anliegen
anlockend
annäherungsweise
Annahme
annehmen
anregen
anregend
Anregung
anreichern
Anreiz
anschaulich
anschmiegsam
Ansehen
ansehenswert
ansehnlich
Ansporn
anspornen
ansprechbar
ansprechen
anständig
anstimmen
anstrahlen
anstreben
anstrengen
Antenne
Antrieb
anziehend
Anziehungskraft
apollinisch
Apollo
Appeal
applaudieren
arbeiten
arbeitsam
arbeitsfähig
arbeitswillig
aristokratisch
aromatisch
arrivieren
artistisch
Arzt/Ärztin
Aspiration
assertorisch
Assoziation
assoziativ
Ästhet
ästhetisch
astrein
astronomisch
atemberaubend
Athanasie
athletisch
Attraktion
attraktiv
Aufbau
aufbauen
aufblühen
auffangen
Auffassungsgabe
aufgeladen

aufgenommen
aufgeschlossen
aufgeweckt
aufheitern
aufhellen
aufjauchzen
aufklären
aufladen
auflockern
Aufmerksamkeit
aufmotzen
aufnahmefähig
aufnehmen
aufpeppen
aufregend
aufrichtig
aufsaugen
aufschlussreich
Aufschwung
aufspringen
aufsteigen
Aufstieg
Auftreten
aufwachen
aufwärts
Augen
Aura
Aurora
Ausdauer
Ausdruck
ausdrucksvoll
auserkoren
auserlesen
ausersehen
auserwählen
ausgeflippt
ausgefuchst
ausgeglichen
ausgelassen
ausgeprägt
ausgereift
ausgeschlafen
ausgesucht
ausgewogen
ausgezeichnet
auskennen
auskömmlich
ausprägen
ausruhen
außerordentlich
aussichtsreich
aussichtsvoll
ausstatten
Ausstattung
ausstehen, können
ausstrahlen
Ausstrahlung
Ausweg
auszeichnen
Auszeichnung
authentisch
autonom

B

bärenstark
baldig
bauen
Baum
beabsichtigen
beachten
beachtenswert
beachtlich
Beachtung
Beauté
beben
bedacht

bedächtig
bedachtsam
bedanken
bedeuten
bedeutend
bedeutsam
bedeutungsvoll
bedingungslos
beehren
beeilen
beeindruckend
befähigen
beflügeln
beflügelt
befördern
beforsten
befreien
befreit
Befreiung
Befreiungsbewegung
befrieden
befriedigen
befriedigt
Befriedigung
befruchten
befugt
befühlen
befürsorgen
befürworten
begaben
begabt
Begabung
begehrenswert
Begehrlichkeit
begeistern
begeistert
begeisterungsfähig
Begeisterungssturm
Begierde
begierig
Beginn
beginnen
begleiten
Begleiter/in
Begleitmusik
beglücken
Beglückung
beglückwünschen
begreifen
begründen
begrüßen
begrüßenswert
Begrüßung
Begrüßungskuss
Begrüßungstrunk
begünstigen
behaglich
beharrlich
behaupten
beheimaten
beheizbar
behelfen
beherrscht
Beherrschung
beherzigen
beherzt
behilflich
behutsam
Behütung
beichten
beieinander
beisammen
beisammen sein
beisammensitzen
beisammenstehen
beistehen

bejahen
bejubeln
bekannt
Bekanntheit
bekehren
bekennen
bekleiden
bekömmlich
bekräftigen
belangvoll
belebend
belebt
belehrbar
belesen
beleuchten
beleuchtet
belichten
belieben
beliebt
beloben
belobigen
Belobigung
belohnen
bemerkenswert
bemühen
bene
Benefiz
beneidenswert
beobachten
Beobachter/in
beraten
berauschend
bereichern
bereinigen
bereisen
bereit sein
bereitwillig
bergauf
bergaufwärts
Bergluft
Bernstein
berücksichtigen
Berufung
beruhigen
berühmt
berühren
berührt
Berührung
besänftigen
beschaffen
beschäftigen
beschaulich
bescheiden
beschenken
bescheren
beschleunigen
beschlussfähig
beschnuppern
beschreibbar
beschützen
beschwichtigen
beschwingt
beseelt
besiegen
besinnen
besinnlich
Besinnung
Besitz
Besonderheit
besonders
besonnen
beständig
bestärken
bestreben
betagt
betätigen

beten
betrachten
beträchtlich
betucht
bewährt
bewandert
beweglich
Bewegung
Bewertung
bewundern
bewundernswert
bewundernswürdig
bewusst
Bewusstsein
Bewusstseinsschwelle
bezaubern
bezaubernd
Beziehung
Beziehungsebene
Bibel
Biene
bienenfleißig
Bild-Denken
bildschön
Bildung
bildungsfähig
Bingo
bitten
blaublütig
Blick
blitzartig
Blitzkarriere
blitzsauber
blitzschnell
blühend
Blume
blumenreich
blumig
bombensicher
Bombenstimmung
bombig
Boogie-Woogie
boomen
Boss
Bourrée
Braut/Bräutigam
brav
bravissimo!
bravo!
Bravour
bravourös
brennend
Brieffreund/in
Briefpartner/in
brillant
Brillanz
Brücke bauen
Bruder Lustig
Bruderkuss
brüderlich
bubenhaft
bübisch
Buddha
buddhistisch
bunt

C

Carpe Diem
Casanova
Champion
Chance
Charakter
charakterfest
charakteristisch
charaktervoll
Charisma

charismatisch
charmant
Charme
Charmeur
Chef/in
Chevalier
Chi-Energie
Christ
christlich
Chronik
clean
clever
Clown
Coach
coachen
Comeback
Common Sense
Contenance
cool
Corpus
Courage
Credo
Cupido
Cyberspace

D

d'accord
da capo
dabei sein
Daddy
Daheim
Dame
damenhaft
Dank
Dankbarkeit
danksagen
Darling
Date
dauerhaft
daunenweich
de Luxe
Dehnfähigkeit
dekorativ
Delikatesse
deliziös
demokratisch
demosthenisch
Demut
demütig
Denkanstoß
denken
Denker
denkerisch
Denksport
Design
deuten
dezent
Diamant
dichterisch
dienen
dienlich
dienstbereit
diensteifrig
Dienstleistung
differenziert
diplomatisch
direkt
diskussionsfreudig
diskussionswürdig
Disziplin
diszipliniert
do it yourself!
Doktor/in
Dolce Vita
dominierend
Don Juan

dauerhaft
drangvoll
dranmachen
dransetzen
Drive
Duft
dufte
duftend
duftig
duftreich
duldsam
durabel
durchblicken
durchdenken
durchdiskutieren
durchfeiern
durchgeistigt
durchkämpfen
Durchlaucht
durchsetzbar
Durchsicht
durchstylen
durchtrainiert
dynamisch

E

Eau de Parfum
Eau de Toilette
Echo
edel
edelmännisch
edelmütig
effektiv
effektvoll
effizient
Ehe
Eheglück
ehrbar
Ehre
ehren
ehrenhaft
ehrenvoll
ehrenwert
ehrfürchtig
ehrfurchtsvoll
ehrgeizig
ehrlich
eifrig
eindeutig
Eindruck
eindrucksvoll
einfach
einfallsreich
einflussreich
einfühlsam
Einfühlungsvermögen
Eingebung
eingeweiht
einig
einigen
Einigkeit
einkommensstark
einladen
einleuchtend
einmalig
einsatzbereit
einsatzfähig
einsatzfreudig
einsehen
einsichtsvoll
Einstellung
einstimmig
einwilligen
einzigartig
eisern
eitel

Ekstase
ekstatisch
Elan
elastisch
elegant
elektrisch
elfenhaft
elitär
eloquent
Eltern
elysisch
emanzipiert
eminent
Emotion
empfänglich
empfehlen
empfehlenswert
empfindsam
Empfindung
emporragen
emporsteigen
emporstreben
emsig
en vogue
endlos
energetisch
energiegeladen
energiereich
energisch
eng befreundet
Engagement
engagieren
engagiert
Engelchen
Engelein
engelhaft
Engelsgesicht
engelsgleich
enorm
entdecken
Entertainer
entfalten
Entfaltung
entfesseln
entflammen
entgegenkommen
Enthusiasmus
Enthusiast
enthusiastisch
entlasten
entscheiden
Entscheidung
Entscheidungsfreiheit
entschlacken
entschlossen
entschlüpfen
entschlussfähig
Entschlussfreudigkeit
Entschlusskraft
Entschuldigung
entspannen
entspannt
Entspannung
Entstehung
entwickeln, sich
Entwicklung
entwicklungsfähig
entzücken
entzückt
enzianblau
erarbeiten
erbauen
Erbe
erblicken
erdnah
Ereignis

ereignisreich
erfahrbar
erfassbar
Erfinder/in
Erfindergeist
erfinderisch
erfindungsreich
Erfolg
erfolggekrönt
erfolgreich
Erfolgserlebnis
erfolgsorientiert
erfolgssicher
Erfolgsstrategie
erforschen
erfragen
erfreuen
erfreulicherweise
erfreut
erfrischen
erfrischend
erfühlen
erfüllbar
erfüllen
erfüllt
Erfüllung
erfreuen
Ergänzung
ergattern
ergeben
ergebnisreich
ergiebig
ergreifend
erhellen
erhöhen
erholen
erholsam
erholt
erinnern
Erinnerung
erkennbar
erkenntlich
Erkenntnis
erklimmen
erklingen
erlangen
Erlebnisfähigkeit
erlebnishungrig
erlebnisreich
erleichtern
Erleichterung
erlernbar
erleuchten
erlösen
Ermächtigung
ermöglichen
ermuntern
ermutigen
erneuern
Erneuerung
ernst
ernsthaft
Ernte
ernten
erobern
Eros
Erotik
erotisch,
erquicken
erquicklich
erquickt
erreichbar
erschaffen
Erschaffung
Erscheinung
ersehnen

ersinnen
Erstaunen
erstaunlich
Erster
erstklassig
erstrahlen
erstreben
erstrebenswert
ertragfähig
ertragreich
ertragssicher
erwachen
erwachsen
erwägen
erwägenswert
erwarten
erwartungsvoll
erwecken
erwerbsfähig
erzählenswert
Erzähler/in
Erziehung, gute
erzielen
essenziell
etablieren
Etikette
euphorisch
evident
Evolution
evolutionär
Existenz
existieren
Express
extra

F
fabelhaft
fabulös
Facette
fachkundig
fachmännisch
Fähigkeit
Faible
fair
Fairplay
familiär
Familie
famos
Fan
Fantasie
fantasievoll
fantastisch
farbenfroh
farbenprächtig
farbig
Fasching
Fashion
Faszination
faszinierend
Favorit/in
federleicht
Fee
Feedback
Feeling
feenhaft
fehlerfrei
fehlerlos
feierlich
feiern
Feiertag
fein
Feingefühl
Feinheit
feinsinnig
feminin
fertil

fesch
fesselnd
fest
fest angestellt
fest entschlossen
fest verwurzelt
Festfreude
Festival
festlich
Festmahl
feststehend
Festtag
feudal
feurig
fidel
fieberig
Fiesta
Filter
Finale
finanzstark
finden
findig
Fingerspitzengefühl
firm
First Class
fit
Fitness
Flair
Flaum
flauschig
fleischig
fleißig
flexibel
Flexibilität
fliegen
fließen
fließend
flimmern
flink
flirten
flittern
Flitterwochen
florierend
flott
flügge
föderalistisch
förderlich
formidabel
formschön
forte
fortissimo
fortschreiten
Fortschritt
Fortune
fotogen
fragen
fragil
Frau
Fräulein
frei
freiberuflich
Freiheit
Freiheitskämpfer
freiheitsliebend
freimütig
freisinnig
Freizeit
Freude
freudestrahlend
freudig
freuen, sich
Freund/in
freundlich
Freundlichkeit
Freundschaft
Frieden

Friedenstaube
friedfertig
friedlich
friedsam
friedvoll
frisch
Frischluft
froh
froh gelaunt
frohgemut
fröhlich
Fröhlichkeit
frohlockend
Frohnatur
frohsinnig
fromm
fruchtbar
fruchtig
Frühling
fühlbar
führen
fulminant
Fund
fundamental
funkeln
funkelnd
funktionsfähig
furchtlos
fürsorglich

G
Gabe
Gag
Gala
Galaabend
galaktisch
galant
ganzheitlich
Garant
Garantie
Garten
Gartenfreund
Gast
gastfreundlich
Gastgeber/in
gastlich
geben
Geborgenheit
Gebot
Geburt
Gedächtnis
Gedanken
Gedankenblitz
Gedankengut
gedankenreich
Gedankenspiel
gedankenvoll
gediegen
Geduld
geduldig
geeignet
Gefühl
gefühlsbetont
gefühlsmäßig
Gefühlsmensch
gefühlvoll
Gegenseitigkeit
Gegenwart
Gehalt
gehaltvoll
geheimnisvoll
Gehirn
Geist
geistesgegenwärtig
geistig
geistlich

geistreich
geistvoll
gelassen
Gelassenheit
gelegen
Gelegenheit
gelehrsam
gelehrt
Gelehrtheit
gelenkig
gelingen
gelockert
Gemeinde
gemeinsam
gemütlich
gemütvoll
genau
Generation
generös
Genesis
Genesung
Genial
Genialität
Genie
genießbar
Genuss
genüsslich
genussreich
genussvoll
gepflegt
geputzt
gerade
geräumig
gerecht
Gerechtigkeit
gerührt
Geschenk
geschickt
Geschmack
geschmackvoll
geschmeidig
gesellig
Gesetz
Gesicht
Gesichtspunkt
gesinnt
gesonnen
gespannt
gesprächsbereit
gestalterisch
Gestaltung
gesund
Gesundheit
getreu
gewaltig
gewaltlos
gewandt
gewillt
Gewinn
Gewinn bringend
gewinnen
Gewinner/in
Gewissen
gewissenhaft
Gewissheit
gewitzt
Gigant
gigantisch
Gladiator
glänzen
glänzend
glanzerfüllt
Glanzleistung
glanzvoll
Glauben
glaubensstark

Glaubensfreiheit
gläubig
gleich
gleichgestellt
Gleichheit
Gleichnis
Gleichstellung
glimmen
glitzernd
glorios
glorreich
Glück
Glück haben
Glück verheißend
glückhaft
glücklich
glückselig
Glücksgefühl
Glückspilz
glückstrahlend
Glückstreffer
glühen
glühend
gnädig
Gold
goldfarben
goldig
gönnerhaft
Gott
gottbegnadet
Gottessohn
gottgläubig
göttlich
gottselig
Gottvertrauen
Gourmet
goutieren
Gouverneur
Grandeur
Grandezza
grandios
Grandseigneur
Gratifikation
Gratulation
gratulieren
gravitätisch
graziös
grenzenlos
Grips
größte
groß
großartig
großdenkend
großherzig
großmütig
großräumig
großzügig
grundanständig
grundehrlich
Gründer
gründlich
Gruppendynamik
grüßen
günstig
gut
gut aussehend
gut gehend
gut tun
gut vorbereitet
gutartig
gutaussehend
guten Ausblick haben
guten Eindruck machen
gutherzig
gütig

gutmütig
gutwillig

H
haben
Halleluja!
handeln
Handkuss
Handlung
handlungsfähig
Handlungsfreiheit
happy
Harmonie
harmonisch
hartnäckig
Hautevolee
Heiland
heilen
heilfroh
heilig
Heiligtum
heilsam
Heilung
heiraten
heiratsfähig
heiratslustig
heiß begehrt
heißblütig
heiter
Heiterkeit
heldenhaft
Heldenmut
heldenmütig
hell
hell leuchtend
hellauf begeistert
Helligkeit
hellseherisch
hellsichtig
hellwach
herausbilden, sich
herausragen
herkulisch
Herr
herrlich
hervorragend
hervorstehend
Herz
Herz und Seele
herzallerliebst
Herzallerliebste
herzensgut
Herzenslust
herzerfrischend
herzerquickend
herzhaft
herzig
herzlich
hier und jetzt
Highlife
hilfreich
hilfsbereit
himmelhoch
himmelhochjauchzend
Himmelreich
himmlisch
hindurch
Hingabe
hingebungsvoll
hinhören
hinreißend
hinzulernen
Hit
hoch begabt
hoch bezahlt
hoch gebildet

hoch geehrt
hoch schätzen
hochachtungsvoll
Hochadel
hochanständig
hochberühmt
hochbetagt
hocherfreut
hochfein
hochgeboren
hochgeistig
hochglänzend
hochherzig
hochintelligent
hochinteressant
hochrangig
Höchstleistung
hochverehrt
hochwertig
hochwillkommen
Hochzeit
hochzeitlich
Hoffnung
hoffnungsvoll
höflich
hoheitlich
hoheitsvoll
Homo sapiens
honigsüß
hören
hübsch
human
humanistisch
humanitär
Humanität
Humor
humoristisch
humorvoll

I

ich
ideal
Idealbild
idealisieren
idealistisch
Idee
Ideenfülle
ideenreich
identifizieren
Identität
idyllisch
illustrativ
Image
Imagination
immun
imperial
imposant
impressionabel
impressionistisch
improvisieren
impulsiv
individuell
Information
informierend
informiert
inhaltsreich
inhaltsvoll
Initiator
innere Stimme
Innovation
Inspiration
inspirieren
inspiriert
instruktiv
intellektuell
intelligent
intensiv

interessant
Interesse
interessieren
interessiert
international
interpretieren
intim
Intuition
intuitiv
irre gut

J
Ja
Jackpot
Jagdglück
jauchzen
Jesus
Jesus Christus
jetzt
jetzt und hier
Job
jodeln
Joga
Joker
Jubel
jubeln
Jubilar/in
Jubiläum
jubilieren
juchzen
jugendlich
Jugendliebe
juhu!
jung
jungenhaft
jungfräulich
Jupiter
Juwel
Jux

K
Kabarett
kabarettistisch
kaiserlich
kalkulierbar
kalorienbewusst
Kalypso
Kamerad
Kameradschaft
kameradschaftlich
Kämpfer
kampffähig
Kampfgeist
Kapital
kapitalkräftig
Karma
Karriere
kaufkräftig
kauflustig
kaufmännisch
Kavalier
keck
Keepsmiling
keimfähig
kennen
kennen lernen
Kenner
Kenntnis
Kernkompetenz
kess
Kessheit
kichern
Kind
kinderfreundlich
kinderleicht

kinderlieb
kirschrot
Klangfülle
Klangschönheit
klangvoll
klar
klar blickend
klar denkend
klar sehen
klären
Klarheit
klarkommen
klarsichtig
Klasse
Klassenbester
Klassensieger
klassisch
Kleopatra
Klient
Klimax
klug
knackig
Know-how
Knüller
knutschen
koalisieren
kognitiv
kokett
kollegial
kolossal
kombinieren
komfortabel
komisch
komödiantenhaft
komödiantisch
Komödie
kompatibel
kompetent
Kompetenz
komplementär
komplex
Kompliment
komplimentieren
Kompromiss
kompromissbereit
konfirmieren
konform
kongenial
König/in
königlich
Königreich
können
Könner
Konsens
konsensfähig
konstant
konstruieren
Konstruktion
konstruktiv
konsultativ
Kontakt
kontaktfreudig
Kontrolle
Konzentration
konzentriert
konziliant
kooperationsbereit
kooperativ
körperhaft
körperlich
korporativ
korrekt
koscher
kosen
kosmisch
kosmopolitisch

köstlich
Kraft
krafterfüllt
kräftig
Kraftreserven
kraftvoll
kreativ
Kreativität
kreieren
kreuzehrlich
kreuzfidel
krisenfest
Kristall
kristallen
krönen
Kronos
kühn
kulant
kultivieren
kultiviert
kulturell
kümmern
Kumpel
Kunde
kundenfreundlich
kundig
Künstler
künstlerisch
kunstvoll
kuren
kuschelig
Kuss
Küsschen
kussecht
küssen

L

lächeln
lachen
Lacherfolg
Lachlust
Lachmöwe
lackglänzend
ladylike
Laissez-faire
Lammsgeduld
Lampe
Landluft
landsmännisch
lang leben
lateral
Leben
lebendig
Lebensader
lebensbejahend
Lebenserfahrung
lebensfähig
Lebensform
lebensfroh
Lebensgefühl
Lebensgenuss
Lebensinteresse
Lebenskraft
Lebenslust
lebenslustig
lebensnah
Lebensphilosophie
Lebensstil
lebenstüchtig
Lebensweisheit
lebenswert
Lebenswille
Lebensziel
lebhaft

Lebhaftigkeit
lecker
legitim
lehren
Lehrer
lehrreich
leicht
leicht nehmen
Leidenschaft
leidenschaftlich
Leistung
leistungsfähig
leistungsgerecht
Leistungskraft
leistungsorientiert
leistungsstark
Leistungssteigerung
Leitbild
leiten
leitfähig
Leitidee
Leitstern
lenkbar
lernbar
lernbegierig
lerneifrig
lernen
lernfähig
lesenswert
leuchten
leuchtend
Leuchtkraft
Level
liberal
liberalistisch
Liberté
Licht
Lichtblick
lichtvoll
lieb
liebäugeln
Liebe
liebebedürftig
lieben
liebenswert
liebenswürdig
Liebesakt
Liebesapfel
Liebesbeziehung
Liebesbrief
Liebeserklärung
Liebesgabe
Liebesgedicht
Liebesgeschichte
Liebesgott
Liebesgöttin
Liebesheirat
Liebeslaube
Liebesleben
Liebeslied
Liebesnacht
Liebesnest
Liebespaar
Liebesperlen
Liebesroman
Liebesspiel
liebestrunken
Liebesverhältnis
Liebeszauber
liebevoll
Liebhaber/in
liebkosen
Liebkosung
lieblich
Liebling
liebreizend

Liebste/r
liebwert
linear
literarisch
Literatur
live
loben
lobenswert
lobenswürdig
löblich
lobpreisen
Logik
logisch
lohnend
lohnenswert
lokal
Look
Lord
Lösung
Love-Story
Löwenmut
loyal
Loyalität
Lust
Lust haben
lustbetont
Lustgefühl
Lustgewinn
lustig
lustvoll
luxuriös
Luxus
lyrisch

M

machbar
Macher
Macht
Machtentfaltung
mächtig
machtvoll
Machtwille
Madame
Madonna
Maestro
Magie
magisch
magnetisch
maienhaft
majestätisch
makellos
Mama
Mami
Mammut
managen
manierlich
maniküren
Männerfreundschaft
Manneskraft
Mannesstärke
mannhaft
männlich
Mannschaft
Mannschaftssieger
Mannschaftsstärke
Märchen
märchenhaft
Märchenpracht
Märchenprinz/essin
markant
Marke
Markenartikel
Marktchance
Marktführer
Marmor
maskulin

Massage
maßgebend
massiv
maximieren
Medaille
Meditation
meditieren
mega …
mehr
Meinung
Meinungsvielfalt
meiste, das
Meister
meisterhaft
Meisterklasse
Meisterleistung
meisterlich
meistern
Meisterschaft
Meisterspiel
Meisterung
Mekka
Melodie
melodisch
Mensch
Menschenfreund
menschenfreundlich
Menschenliebe
menschlich
mental
Mentor
merci!
merken
Merkur
Methode
Milde
Millionär
Millionenerfolg
mineralisch
Minerva
Mirakel
Meditation
Mission
missionarisch
Mitarbeiter
mitdenken
miteinander
Mitempfinden
miterleben
mitfühlen
mitfühlend
Mitgefühl
mithelfen
Mithras
mitmenschlich
mitreißend
mitteilenswert
mitteilsam
mittendrin
mobil
modebewusst
Modell
modern
Modezar
modisch
möglich
Möglichkeit
Mona Lisa
Mönch
Mondesglanz
mondhell
monumental
Mordsspaß
morgenfrisch
Morgenland
morgenländisch

Morgenlicht
Morgenluft
Motivation
motivieren
motiviert
Motor
Motto
Mühe
multikulturell
Multimillionär
mündig
munter
Muschel
Musik
musikalisch
musisch
musizierfreudig
muskulär
mustergültig
musterhaft
Mut
mutig
Mutter
mütterlich
Mutterliebe
Mutti
mythologisch

N
Nachbar
nachbarschaftlich
nachdenken
nachdenklich
nacheinander
nachforschen
nachfühlend
Nachricht
nachsichtig
Nächstenliebe
nagelneu
nah verwandt
nahe
namhaft
national
Natur
Naturereignis
Naturgesetz
naturgetreu
natürlich
naturrein
Naturschönheit
Naturtreue
Naturwunder
nebeneinander
Nennwert
nett
netterweise
Netzwerk
neu
Neuanfang
neuartig
Neubeginn
neugeboren
neugierig
Neuheit
neutral
neuwertig
neuzeitlich
News
niedlich
niet- und nagelfest
Niveau
niveauvoll
nobel
Nobelpreis
Nobilität

Noblesse
Noesis
normal
Nostalgie
nostalgisch
Notabilität
Note
Novität
nutritiv
Nutzen
nützlich
Nymphe
nymphenhaft

O
Oase
Objektiv
offen
offenbar
Offenbarung
Offenheit
Öffentlichkeit
offerieren
Offerte
Ohrenschmaus
okay
Ökologie
olympiareif
olympisch
omnipotent
Oper
Operette
optimal
Optimist
optimistisch
Optimum
opulent
Orchidee
Orden
ordentlich
Ordnung
Ordnungssinn
organisiert
orientalisch
Orientierung
Original
Originalität
originell
ornamental
Ovation

P
Paar
Paarbildung
paaren, sich
paarungsbereit
packend
paletti
pantheistisch
Papa
Papi
par excellence
paradiesisch
paradigmatisch
Pärchen
parfümieren
Partner
partnerschaftlich
Passion
passioniert
Pep
peppig
perfekt
Perfektion
perfektionistisch
Perle

…wusst
…sentfaltung
…keitswert
…siv
…rzeption
perzeptorisch
pfiffig
Pfiffikus
Pflanze
Pflege
pflichtbewusst
pfundig
Pfundskerl
Pfundsspaß
Phänomen
phänomenal
Phantasie
phantasiebegabt
phantasievoll
phantastisch
Philanthropie
Philosoph
Philosophie
philosophisch
photogen
picobello
piekfein
pieksauber
pikant
Pionier
Pioniergeist
pittoresk
plakativ
planerisch

Planet
planvoll
Planziel
pläsierlich
platonisch
plauschen
plausibel
Plus
Pluspol
Pluspunkt
Poesie
Poet
poetisch
poetisieren
Pointe
Pokal
Pokalsieger
populär
positiv
possierlich
potent
Potenz
potenzial
potenzsteigernd
Power
prächtig
prachtvoll
praktifizieren
praktikabel
praktisch
praktizierbar
prall
Prämie
prämieren
präsent
präsentabel
präsentieren
Präsident

präzise
Preis
preisen
preisgeben
Preisträger
Premiere
premium
Prestige
preziös
Priapos
prickelnd
prima
Prinz/essin
Priorität
privat
privilegiert
pro
probieren
produktiv
professionell
professoral
profiliert
Profit
profitabel
profitieren
Progress
Progression
progressiv
Promenade
prominent
Promotion
promovieren
prompt
proper
Prophet
prophetisch
prophezeien
prophylaktisch
Prosaiker
prosaisch
prospektiv
Prost
Prozess
Prunk
prunkhaft
Prunkstück
prunkvoll
Psyche
psychologisch
Publikumserfolg
publizierfreudig
pudelwohl
pünktlich
puristisch
putzig

Q

qualifiziert
Qualität
qualitativ
qualitätsbewusst
Quantenphysik
Quartier
Quelle
Querdenker
quick
quicklebendig
Quintessenz
quirlig

R

Rabatt
raffiniert
randvoll
rank
rapide

rasant
rasch
rassig
rasten
Ratespiel
Ratgeber
Ratifikation
Ratio
rational
rationell
ratsam
Ratschlag
Raum
Reaktion
reaktionsfähig
reaktionsschnell
real
realisierbar
realistisch
Realität
realitätsbezogen
reanimieren
rechtlich
rechtmäßig
rechtserfahren
rechtsfähig
rechtsgültig
rechtskräftig
rechtzeitig
redegewaltig
redegewandt
Redekunst
Redner/in
redsam
redselig
reell
reflektieren
reformfreudig
reformieren
rege
regelbar
regenerationsfähig
regenerieren
registrieren
rehabilitieren
reich
reichhaltig
reichlich
Reichtum
reif
rein
reinhängen, sich
reinigen
Reinkarnation
reinknien
reinlich
reinlichkeitsliebend
reisefertig
reiselustig
reisen
reizend
reizvoll
rekonstruieren
Rekordleistung
Relativitätsprinzip
Relativitätstheorie
relaxed
Relaxing
Religionsfreiheit
Rendezvous
Rendite
Renommee
renommiert
renovieren
rentabel
rentieren

reparabel
repariert
Repertoire
repräsentabel
Repräsentation
repräsentativ
repräsentieren
resch
Reserven
Reservoir
residieren
resistent
resistiv
resolut
Resonanz
Respekt
respektabel
respektierlich
respektiert
respektvoll
Ressource
restaurieren
restrukturieren
Resultat
resultativ
retten
Revival
revolutionär
rezeptiv
Rhetorik
rhetorisch
rhythmisch
Rhythmus
richtig
richtunggebend
richtungsstabil
riechen
riesengroß
riesenstark
riesig
Risikobereitschaft
riskieren
ritterlich
ritterschaftlich
robust
Rock ,n' Roll
rohstoffreich
romantisch
Romanze
Rose
Rosenduft
rosenfarben
rosig
röstfrisch
routiniert
royal
royalistisch
Rubin
rubinrot
Rückbesinnung
Rückgrat
Rückhalt
Rückkopplung
rücksichtsvoll
Ruhe
ruhend
Ruhepause
ruhig
Ruhm
rühmen
rühmenswert
rühmlich
ruhmvoll
rührend
rührig
rührselig

Rumba
rüstig
rustikal

S
Saat
sachbezogen
sachdienlich
sachgerecht
sachkundig
sachlich
sachte
sachverständig
saftig
Sagen
sagenhaft
Salsa
Salut
Salvator
Samariter
Samba
sammeln
samtig
Samtpfötchen
samtweich
sanft
sanftmütig
sangesfreudig
sangesfroh
sangeskundig
sangeslustig
Sanguiniker
sanieren
Sankt …
sattelfest
sauber
Savoir-vivre
Schaffen
schaffensfreudig
schaffenslustig
schalkhaft
Schalom
scharf
scharfsinnig
Schatz
schätzenswert
Schatzfund
schauen
Schauspieler/in
schauspielerisch
Schaustück
scheinen
Schelm
schelmisch
scherzen
scherzhaft
schick
schicklich
schillern
schimmern
schlagfertig
schlank
Schlaraffenland
schlau
Schlauigkeit
schlüssig
schmackhaft
schmecken
schmeichelhaft
Schmetterling
schmücken
Schmuckstein
Schmuckstück
schmuckvoll
schmusen
schneidig

schnell
Schnelligkeit
schnieke
schnittig
schnuckelig
Schokoladenseite
schön
Schönheit
Schönheitsideal
schöpferisch
Schöpferkraft
Schöpfung
schreibgewandt
Schutz
schützen
Schutzengel
schwärmen
schwärmerisch
schwesterlich
schwingen
Schwung
schwungvoll
See
Seele
Seelenfreund/in
Seelenfrieden
seelenruhig
seelensgut
seelenstark
seelenvergnügt
seelenverwandt
seelsorgerisch
seetüchtig
Segen
segensreich
segnen
sehen
sehenswert
sehenswürdig
sehnen
Sehnsucht
sehnsüchtig
sehr
seidenweich
seidig
Sein
Sektlaune
selbst
Selbstachtung
Selbstbefriedigung
selbstbeherrscht
Selbstbeherrschung
selbstbewusst
Selbstdisziplin
Selbstentfaltung
Selbsterfahrung
Selbstfindung
Selbstgefühl
Selbsthilfe
Selbstrespekt
selbstsicher
selbstständig
Selbstverantwortung
Selbstverwirklichung
Selbstwertgefühl
Selfmademan
selig
selig sprechen
Seminar
sensationell
sensibel
sensitiv
sensuell
seriös
Service
sesshaft

Sex
Sex-Appeal
sexy
Shakehands
Shootingstar
sich entwickeln
sich etwas vornehmen
sicher
Sicherheit
sichtbar
siegen
siegesbewusst
Siegesfreude
siegesfroh
siegesgewiss
Siegesgott/Siegesgöttin
siegessicher
sieghaft
siegreich
Siesta
Signal
signifikant
signifizieren
silbern
sinfonisch
singen
Sinn
sinnenfroh
Sinnenlust
sinnesfreudig
Sinnesorgane
sinnig
sinnlich
sinnreich
sinnvoll
Slapstick
Smaragd
smaragdgrün
smart
Softie
soigniert
Sokrates
solidarisch
solide
Sommer
sommerlich
Sommerresidenz
Sonne
sonnenhell
sonnenhungrig
sonnenklar
Sonnenschein
Sonnenseite
Sonnenstrahl
sonnig
Sonntag
Sonnyboy
sorgenlos
sorgfältig
sorgsam
Sorgsamkeit
Soter
souverän
sozial
spannend
Spannung
sparsam
Sparsamkeit
Spaß
spaßen
spaßhaft
spaßig
Spaßvogel
Spatz
speichern
spektakulär

spendabel
spenden
spendieren
spezial
Spezialität
speziell
Spiel
Spieler
spielerisch
spielfreudig
Spielgefährte/Spielgefährtin
Spielregeln
spirituell
Spitzenleistung
Spitzenqualität
Spitzenreiter
sponsern
spontan
Sport treiben
sportbegeistert
Sportfest
Sportfreund
sportiv
sportlich
sportlich-elegant
sprachbegabt
Sprache
Sprachgenie
sprachkundig
sprachkundlich
springen
springlebendig
spurtstark
staatsmännisch
stabil
stahlhart
standfest
standhaft
standhalten
Standpunkt
Star
stark
Stärke
Stärkung
Start
startbereit
starten
startklar
statthaft
stattlich
Statuen
Status
staunen
staunenswert
Steigerung
steigerungsfähig
steinreich
sternenklar
sternenwärts
sternhell
steuerbar
Steuermann
stiften
Stil
stilecht
stilistisch
stilvoll
Stimme, innere
stimmhaft
Stimmung
stimmungsvoll
stimulierend
Stimulus
stolz
strahlen
strahlend

strategisch
streben nach etwas
strebsam
streicheln
Struktur
strukturell
Student/in
studieren
stürmerisch
Stützung
stylistisch
subjektiv
substanziell
subtil
süffig
suffizient
Sultan
sündenlos
super
superb
superfein
Superfrau
Superlativ
Supermann
Superstar
süß
süßlich
swingen
sylphidenhaft
symbolhaft
symbolträchtig
Sympathie
Sympathiebekundung
Sympathieerklärung
Sympathiekundgebung
sympathisch
symphonisch
synchron
szintillieren

T
tadellos
taghell
taillenbetont
Takeoff
Takt
taktieren
taktisch
taktvoll
Talent
talentiert,
Tanz
tanzen
tänzerisch
tanzlustig
Tao
tapfer
tastbar
tasten
Tastsinn
tätig
tatkräftig
Tausendschön
Teddybär
teilen
teilhaben
teilnahmsvoll
teilnehmen
teilnehmend
Teilnehmer
temperamentvoll
Termin
termingemäß
termingerecht
Test

theologisch
therapeutisch
thermal
thermisch
thronen
tief bewegt
tief empfunden
Tiefe
tiefsinnig
Tier
tierlieb
tierliebend
Tipp
tipptopp
titanenhaft
Titania
titanisch
todschick
todsicher
tolerant,
toll
tolles Ding
Top
Topas
topfit
Topform
Topmanager
Topstar
totlachen
Touch
Tradition
traditionell
traditionsbewusst
traditionsreich
tragkräftig
Trainer
trainieren
Training
transparent
transzendent
trauen
Traum
träumen
träumerisch
Traumfrau
traumhaft
Traummann
Traumpaar
treffen
treffend
trefflich
treffsicher
treu
treu ergeben
treu gesinnt
treu sorgend
treuherzig
trimmen
Triumph
triumphal
triumphieren
Trophäe
Tropical
Trost bringend
trösten
Trumpf
tüchtig
tugendhaft
Tun
turbulent

U

Überdenken
überdimensional
überdimensioniert
übereinkommen

übereinstimmen
übereintreffen
überglücklich
überirdisch
überleben
überlegen
überlegt
übermenschlich
übermütig
übernatürlich
überragend
überraschend
überraschenderweise
Überraschung
Überraschungserfolg
überreif
überschaubar
übersehbar
übersichtlich
übersinnlich
übersprudelnd
überstehen
überwältigend
überwindbar
überwinden
überzeugen
überzeugend
Überzeugungskraft
Übung
Ulk
ulkig
umarmen
umdenken
Umdenkprozess
Umdenkungsprozess
umfassend
umformen
umgestalten
umkonstruieren
umschwärmen
Umschwung
umsetzbar
umsichtig
umsorgen
umstellbar
Umstellungsprozess
umwandeln
umweltfreundlich
umweltverträglich
umwerben
umwerfen
unabhängig
unaufdringlich
unauffällig
unaufhaltbar
unbefangen
unbeirrbar
unbelastet
unberührt
unbeschränkt
unbeschreiblich
unbeschwert
unbesiegbar
Unbesiegbarkeit
unbesiegt
unbesorgt
unbestreitbar
Unbewußtsein
unbezahlbar
unbürokratisch
uneingeschränkt
unendlich
unermüdlich
unerschrocken
unfallfrei
unfehlbar

ungebunden
ungefährlich
ungeniert
unglaublich
universal
universell
Universum
unparteiisch
Unschuld
unschuldig
unschuldsvoll
unschwer
unsterblich
Unsterblichkeit
unter Kontrolle
unterbewusst
Unterbewusstsein
unterhalten
unterhaltsam
unternehmen
Unternehmensgeist
Unternehmer
unternehmungslustig
unterrichten
unterschriftsreif
unterstützen
untersuchen
unübertrefflich
unübertroffen
unvergänglich
unvergesslich
unvergleichlich
unverkennbar
unverletzt
unversehrt
unverwechselbar
unverwundbar
unverwüstlich
unverzagt
unvoreingenommen
unvorstellbar
unwahrscheinlich
unwiderstehlich
unzerstörbar
up to date
üppig
urban
urchristlich
ureigen
urgemütlich
urgeschichtlich
urig
urkomisch
Urlaub
Ursprung
ursprünglich
urtümlich
Usus

V

V. I. P.
vakant
variabel
variantenreich
Variation
variationsfähig
variieren
Vater
Vaterfigur
Vaterfreuden
vaterländisch
vaterlandsliebend
väterlich
Vati
vegetarisch
vegetativ

veilchenblau
Veilchenduft
Veilchenstrauß
Velvet
venerabel
Venus
veränderbar
veränderlich
Veränderung
veranschaulichen
verantwortlich
Verantwortung
verantwortungsbewusst
verantwortungsfreudig
Verantwortungsgefühl
verantwortungsvoll
verbessern
verbeugen
verbildlichen
verbinden
verbindlich
verblüffend
verbrüdern
verbünden
verdanken
verdeutlichen
verdienen
verdienstvoll
verdoppeln
veredeln
verehelichen
verehren
Verehrung
verehrungsvoll
verehrungswürdig
vereinbaren
vereinen
vereinfachen
vereinigen
verewigen, sich
verfeinern
verfestigen
verformbar
verführen
verführerisch
vergeben
vergeistigen
vergeistigt
vergelten
vergewissern
vergleichen
Vergnügen
vergnüglich
vergnügt
Verhalten
verhandeln
verhandlungsfähig
verheiraten, sich
verheißungsvoll
verherrlichen
verhimmeln
verjüngen
verkäuflich
verkaufsfördernd
verkehrssicher
verknallt
Verlangen
verlässlich
verlieben
verliebt
verloben
Verlobte/r
verlockend
vermählen
vermehren
Vermögen

vermögend
vernarrt
vernunftbegabt
vernunftgemäß
vernünftig
Vernunftmensch
veröffentlichen
Verpflichtung
verrückt
versammeln
Versammlung
verschmust
verschönern
verschwiegen
versessen
versichern
versiert
versinnbildlichen
versöhnen
versöhnlich
versprechen
Verstand
verstanden
verstandesmäßig
verständig
verständlich
Verständnis
verständnisvoll
verstärken
verstehen
Versuch
versuchen
versüßen
verteidigen
vertragen
Vertrauen
Vertrauen erweckend
Vertrauensbasis
vertrauensbildend
vertrauensvoll
vertraulich
verträumt
vertraut
Verve
vervielfachen
vervollkommnen, sich vervollständigen
verwandelt
verwandt
verwandtschaftlich
verwendungsfähig
verwertbar
Verwertung
verzaubern
verzaubert
Verzeihung
Verzierung
verzückt
viel
vielsagend
vielversprechend
vielfältig
vielfarbig
vielseitig
vielsprachig
vielstimmig
vigilieren
viril
Virilität
virtuos
Vision
visionär
visuell
vital
Vitalität
vitaminreich

vivant!
völkerverbindend
Volk
volksbildend
volkstümlich
volksverbunden
voll
Vollblut
vollblütig
vollbringen
vollenden
vollkommen
vollreif
vollständig
Volltreffer
vollwertig
voluminös
vorangehen
vorankommen
voranmachen
vorausschauen
voraussehen
vorbeugen
vorbildhaft
vorbildlich
Vorbote
Vorfahren
Vorfreude
Vorgänger
vorhaben
vorhersehen
Vorläufer
vorlieb nehmen
Vorliebe
vornehm
vornehmlich
Vorrang geben
vorrangig
vorrätig
vorsichtig
vorsichtshalber
Vorsitzender
vorsorgen
vorsorglich
vorspielen
Vorsprung
vorstellbar
Vorstellungskraft
vorteilhaft
Vortrag
vortrefflich
vorurteilsfrei
vorwärts
vorwärts bringen
vorwärts gehen
vorwärts kommen
vorzeigbar
vorziehen
vorzüglich

W

wach
Wachheit
wachsam
wachsen
wachstumsfördernd
wacker
Wahl
wählbar
wählerisch
Wahlrecht
wahr
wahrhaft
Wahrheit
wahrheitsgemäß
wahrheitsgetreu

wahrheitsliebend
wahrnehmbar
wahrnehmen
Wahrnehmung
wahrsagen
walten
Walzer
wandelbar
wandeln
wanderlustig
wandlungsfähig
wappnen
warm
warmblütig
wärmen
warmherzig
wartungsfrei
wartungsfreundlich
waschbar
waschecht
wasserdicht
wasserfest
wasserlöslich
Wassernixe
wasserreich
Wegbereiter
wehren
wehrfähig
weiblich
Weiblichkeit
weich
weichherzig
weihevoll
Weihnachten
weihnachtlich
Weihnachtsabend
Weihnachtsengel
Weihnachtsfeier
Weihnachtsfeiertag
Weihnachtsfest
Weihnachtsgebäck
Weihnachtsgeschenk
Weihnachtskrippe
Weihnachtsspiel
Weihnachtsstern
Weihnachtstag
Weihnachtszeit
weilen
weise
Weisheit
weisheitsvoll
weit
Weitblick
weiterbestehen
weiterbilden
weiterbringen
weiterempfehlen
weiterentwickeln
weiterführen
weiterführend
weitergeben
weitergehen
weiterhelfen
weiterkommen
weiterkönnen
weiterleben
weitermachen
weiterwollen
weitgehend
weitherzig
weitsichtig
weitspringen
Welle
wellenartig
Welt
Weltanschauung

weltbekannt
weltberühmt
Weltbeste/r
weltbewegend
weltbürgerlich
Weltelite
Weltenbummler/in
Welterfolg
Weltfrieden
Weltgeist
Weltgeistlicher
Weltgeschehen
weltgeschichtlich
weltgewandt
weltlich
weltmännisch
Weltmeisterschaft
weltoffen
Weltpremiere
Weltrang
Weltreich
Weltruf
Weltspitze
Weltstar
weltweit
Weltwunder
wendig
werbekräftig
werbewirksam
werblich
Werkstatt
Wert
wertbeständig
wertschätzen
wertvoll
wesentlich
wettbewerbsfähig
wetterbeständig
wetterfest
wetterkundig
W-Fragen
wichtig
widerspiegeln
widerstandsfähig
Widerstandskraft
widerstehen
wieder aufbauen
wieder aufbereiten
wieder einfallen
wieder einsetzen
wieder gutmachen
wieder herrichten
wieder auftauchen
wieder beleben
wieder entdecken
wieder erkennen
wieder erobern
wieder eröffnen
wieder erwachend
wieder erwecken
wieder erzählen
wieder geben
wieder geboren
Wiedergeburt
wiedergewinnen
wiederherstellen
wiederkehren
wiederkommen
Wiedersehen
Wiedersehensfreude
wieder vereinigen
wieselflink
wild
wildreich
Wille
willens

Willensakt
Willenserklärung
Willensfreiheit
Willenskraft
willensstark
willentlich
willig
willkommen
Willkommensgruß
Willkommenstrunk
Wind
Windkraft
winterfest
winterhart
wintertauglich
Wirkkraft
wirklich
Wirklichkeit
wirklichkeitsgetreu
wirklichkeitsnah
Wirklichkeitssinn
wirksam
Wirkungskraft
wirkungsvoll
wirtschaftlich
Wirtschaftsaufschwung
Wirtschaftskraft
Wirtschaftswachstum
Wirtschaftswunder
wissbegierig
Wissen
Wissenschaft
wissenschaftlich
Wissensdrang
Wissensdurst
wissensdurstig
wissenswert
wittern
Witz
Witzblatt
Witzbold
witzeln
witzig
witzsprühend
Wochenende
Wochenendhaus
Wohl
wohl bedacht
wohl behütet
wohl bekannt
wohl durchdacht
wohl erhalten
wohl geformt
wohl gemeint
wohl genährt
wohl geordnet
wohl riechend
wohl schmeckend
wohl situiert
wohl temperiert
wohl tuend
wohl tun
wohl überlegt
wohl unterrichtet
wohl versorgt
wohl verwahrt
wohlauf
Wohlbefinden
Wohlbehagen
wohlbehalten
Wohlergehen
wohlerzogen
wohlfühlen
Wohlgefallen
wohlgefällig
Wohlgefühl

wohlgemut
wohlgeraten
Wohlgeruch
Wohlgeschmack
wohlgesinnt
wohlgestalt
wohlgestaltet
wohlgetan
wohlhabend
wohlig
Wohligkeit
wohlklingend
wohllautend
Wohlleben
wohlmeinend
wohlproportioniert
Wohlsein
Wohlstand
Wohltat
wohltätig
wohlverdient
wohlverstanden
Wohlwollen
wohlwollend
wohnen
wohnlich
wollen
wollig
Wonnegefühl
wonnevoll
wonnig
wonniglich
Workshop
Wort
wortgetreu
wortgewaltig
wortgewandt
wortreich
Wortschwall
wuchtig
Wunder
wunderbar
wunderbarerweise
wunderhübsch
Wunderkind
Wunderknabe
wunderlich
wundersam
wunderschön
wundervoll
Wunsch
wünschenswert
Wunschkind
Würde
würdevoll
würdig
würzig
wuschelig

X

exakt
Exaktheit
existenzfähig
exklusiv
exzellent
extravagant
exotisch
Exotik
experimentell
Experte/Expertin
Express
exquisit
extraordinär
extravertiert
extrovertiert

exzentrisch
exzeptionell

Y
Yacht
Yeti
Ymir
Yoga
Youngster

Z
zackig
zäh
zahlreich
zahlungsfähig
zahlungskräftig
Zar
zart fühlend
zärteln
zärtlich
Zauber
zauberhaft
zauberkräftig
Zeit
zeitlos
zeitnah
zeitschnell
zeitsparend
zelebrieren
Zen
zentral
Zentrum
zephirisch
zerebral
zeugungsfähig
Zeus
Ziel
zielbewusst
zielgerichtet
zielorientiert
zielsicher
zielstrebig
Zierde
zierlich
zinsgünstig
Zirkus
Zivilcourage
Zivilisation
zivilisiert
zuckerig
Zuckerl
zuckersüß
zueignen
zueinander
zuerst
Zufall
zufällig
zufrieden
Zufriedenheit
zugänglich
zugehörig
Zugehörigkeitsgefühl
zugestehen
zugetan
zugewandt
zugewendet
Zugewinn
zugewinnen
zugfest
zügig
zugkräftig
zugute
zuhören
zuinnerst
zujubeln
Zukunft

zukunftsorientiert
zukunftsweisend
zulächeln
zulachen
zulernen
zum Anbeißen
zum Wohl!
zünftig
zungenfertig
Zungenkuss
zunutze
zurechnungsfähig
zurecht
zurechtkommen
Zureden
zurückerobern
zusagen
zusagend
zusammen
zusammenarbeiten
zusammenbleiben
zusammenfinden
zusammenfügen
zusammengehören
zusammenhalten
zusammenhängen
Zusammenkunft
zusammenleben
Zusammensein
zusammensitzen
zusammenspielen
zusammentreffen
zusammentun
zusammenwachsen
zusammenwirken
Zutrauen
zuträglich
zutraulich
zutreffend
zuverlässig
Zuversicht
zuversichtlich
zuvorkommend
zuwenden
Zuwendung
zwanglos
Zweck
zweckmäßig
zweifellos
zweifelsfrei
zweisam
Zweisamkeit
zweisprachig
zweistrahlig
zwischenmenschlich
zyklothym

Warum sollten Sie sich die Mühe machen?

Ich kann mir gut vorstellen, dass Sie – wie viele Leute, mit denen ich aufgrund der Lektüre dieses Buches gesprochen habe, – an manchen Stellen gelächelt und an anderen die Stirn gerunzelt haben. Einiges spricht Sie an und anderes gar nicht. Das ist mir recht, denn es ist das Lächeln, hinter dem ich her bin.

Es wurde jedoch die Frage gestellt: Warum sollten Sie sich die Mühe machen?
James Allen schreibt in seinem Essay „Wie der Mensch denkt“:

Es kommt nicht darauf an, was wir wollen, sondern was wir sind.

und

Ein Mensch ist im Grunde das, was er denkt, und sein Charakter ist die Summe all seiner Gedanken.

Marcus Aurelius schrieb:

Wir werden so, wie unsere Gedanken normaler- und gewöhnlicherweise sind.

Ich hatte diese Aussage schon eingangs erwähnt und möchte sie hier bewusst noch einmal wiederholen:

Die Wichtigkeit liegt nicht so sehr darin, was wir denken, was wir wollen, sondern mehr darin, was wir denken wollen.

Wenn wir keine Kontrolle über unsere Gedanken haben, wie sieht es dann erst mit unseren Träumen aus? Das ist eine sehr wichtige Angelegenheit, um die man sich bemühen muss, nicht wahr?

Analysieren wir die obige Aussage *Die Wichtigkeit liegt nicht so sehr darin, was wir denken, was wir wollen.* Fragen wir uns einmal:

Was ist es, das wir glauben, zu wollen?

Fragen Sie sich immer wieder, und schreiben Sie die Antworten auf.

Und fragen Sie sich dann, welche Gedanken Sie mit diesen Wünschen in Verbindung bringen. Ich erlebe oft bei meiner Arbeit mit Einzelpersonen und Gruppen, dass die Gedanken, die sie haben, mit dem, was sie wünschen, nicht vereinbar sind.

So denkt zum Beispiel ein Mensch, dass er Frieden, Einbindung, Karriere, Reichtum, Freundschaft, Erfolg, Anerkennung, Intimität usw. will. Die grundlegenden Gedanken, die er jedoch damit in Verbindung bringt, sind Dinge wie Ärger, Frust, Unwürdigsein, Schrecken, Angst, Angstzustände, Widerwille, den Status quo oder die vermeintliche Sicherheit aufzugeben.

Daran zeigt sich, warum der Weg zu diesen Wünschen sehr zäh ist, wenn er überhaupt möglich ist.

Es ist der zweite Teil der Aussage, der sich auszahlt:

Was wichtig ist, ist, was wir denken wollen.

Versuchen Sie's. Betrachten Sie die Dinge näher, die Sie glauben, zu wollen, und überlegen Sie dann, welche Gedanken nötig und der Sache zuträglich wären, damit diese Dinge geschehen können. Welche Gedanken sind nötig, damit Sie auf den Pfad Ihrer Träume zurückfinden? Ich wette mit Ihnen eine Million, dass sie positiv sein müssen und nicht negativ! Hierdurch erkennen wir, dass wir ständig Kontrolle über unsere Gedanken haben müssen, um Harmonie mit dem zu erreichen, was wir vom Leben wollen.

Wenn wir vom Leben alles Gute und Schöne haben wollen, müssen wir uns im Klaren darüber sein, was wir denken wollen. Diese Tatsache kann nicht oft genug betont werden. Wir sind tatsächlich die Gesamtsumme unserer Gedanken. Die letztendliche Freiheit, die wir haben, ist die Fähigkeit, unsere Einstellung zu irgendwelchen gegebenen Situationen zu wählen. Die Leute, die es auf dieser Welt zu etwas bringen, sind die, die die Gegebenheiten suchen, die sie wollen, und wenn sie sie nicht finden, dann begünstigen sie deren Entwicklung. Ausgeglichene Menschen merken, dass ihr Platz dort ist, wo sie eine Änderung herbeiführen können, statt Mitleidsversammlungen einzuberufen – über Dinge, die außerhalb ihres Einflussbereiches liegen.

Was uns ausmacht, sind unsere Gedanken, und diese Erkenntnis zu akzeptieren, wird für manche Menschen zur Herausforderung. Es kann jedoch eine mutige, gelassene und kluge Entscheidung sein, diese zu akzeptieren. In der Tat ist die Akzeptanz ein positiver Schritt, und positive Schritte sind verbunden mit positiven Gedanken.

Was Sie im Folgenden finden, sind sieben hilfreiche positive Schritte.

Der Freiheitsprozess

Sokrates' bekannte Maxime „Erkenne dich zuerst" ist heutzutage so relevant wie nie. Auf den nachfolgenden Seiten wird *Freiheit* als Schritt-für-Schritt-Hilfestellung benutzt, um uns zu helfen, unseren ureigenen, unabhängigen und individuellen Daseinszweck zu finden. Es ist ein Findungsprozess dessen, was wir vom Leben wollen, und ein nützlicher, positiver erster Schritt zur Selbstfindung.

Freiheit entsteht, wenn viele miteinander zusammenhängende Ereignisse sich zur gleichen Zeit begeben. In den verschiedenen Lebensgebieten des Menschen beginnt ein Zusammenwirken, das die Ereignisse in die richtigen Kanäle leitet. Es ist ein fortwährendes und kreatives Bestreben.

Die beste Art, die Aktionspunkte zu befolgen ist, jeden Grundsatz als Sprungbrettfrage zu behandeln. Auf was will ich mich konzentrieren? Welche Ängste behindern mich zur Zeit? Wo muss ich Verantwortung übernehmen? Wie kann ich energiegeladener werden? Für was begeistere ich mich? Was würde mich weiterbringen?

Bedenken Sie, dass dies nur ein erster Schritt ist, aber wie schon der alte Weise Lao Zsu sagte:

Selbst die längste Reise beginnt mit dem ersten Schritt.

Notieren Sie sich möglichst viel. Seien Sie positiv. Lassen Sie uns jetzt auf die Reise gehen.

Freiheit

Niemand ist wirklich frei, der nicht Herr über sich selbst ist.

Epictetus

Schritt 1: Furchtlosigkeit & Konzentration

Erwischen Sie sich dabei, dass die Angst vor Neuem und das Fehlen einer konkreten Richtung Sie vom Wesentlichen abbringen?

Persönliche Freiheit kommt durch die Entdeckung Ihres wirklichen Daseinsinns.

- Auf was muss ich mich jetzt konzentrieren?
- Verweilen Sie in der Gegenwart. Konzentrieren Sie sich auf das, was *Sie* denken *wollen.*
- Mit welchen Gefühlen und Ängsten muss ich fertigwerden?

Die Menschheit muss aufhören, ihre Probleme der Umwelt zuzuschreiben, und wieder lernen, die Dinge selbst in die Hand zu nehmen und selbstverantwortlich zu werden.“

Albert Schweitzer

Schritt 2: Rollen & Verantwortung

Wie reagieren Sie auf *Vielseitigkeit?* Schieben Sie die Dinge auf die lange Bank oder handeln Sie zum richtigen Zeitpunkt? Sind Sie sich bewusst, dass die Beziehung zu sich selbst einzig und allein Ihrer Verantwortung unterliegt?

- Wo muss ich Verantwortung übernehmen?
- Entscheiden Sie, was Sie unternehmen werden. Was wird Ihre Aufgabe sein?

Die weitreichendste Erfindung meiner Generation ist, dass der Mensch sein Leben ändern kann, indem er seine Geisteshaltung ändert.

William James

Schritt 3: Selbstwert & Erfahrung

Wie sehr glauben Sie wirklich an sich selbst und Ihre Fähigkeiten? Sehen Sie in Erfolg eine Möglichkeit, selbstbewusster zu werden? Sind Sie sich über Ihre Wirkung auf andere bewusst?

- Wann haben Sie das letzte Mal Ihren Geist „trainiert"?
- Gehen Sie Ihren Erfahrungen auf den Grund und merken Sie, wo Ihr Selbstwert entsteht.
- Die Erleuchtung kommt mit all diesen Aha-Erlebnissen. Schreiben Sie sie alle auf.

Unser Körper ist unser Garten, unser Wille ist der Gärtner.

William Shakespeare

Schritt 4: Energie & Enthusiasmus

Haben Sie sich je Gedanken darüber gemacht, welche Kosten negative Gedanken und Leute verursachen können? Entdecken Sie die Kontrolle, die Sie entwickeln können durch eine positive Einstellung.

- Wann haben Sie das letzte Mal Ihren Körper trainiert?
- Fordern Sie Enthusiasmus in allem, was Sie tun und in allen Leuten, die Sie treffen?
- Energie ist das Zauberwort. Finden Sie sie und machen Sie sie sich zu Nutzen.

Ein Ziel vor Augen zu haben ist nicht genug ohne die nötige Selbstdisziplin, es durchzuführen.

Harvey McKay

Schritt 5: Entscheidungen & Loslassen

Überkommt Sie Angst und Unsicherheit, wenn Sie vor größeren Entscheidungen stehen? Entdecken Sie das Geheimnis, „auf den Geschmack“ von Unsicherheit zu kommen und reduzieren Sie die Angst in Stresszeiten.

- Welche Entscheidungen muss ich treffen?
- Wissen Sie, dass Loslassen und Trennung zu Freiheit führen kann?
- Von was muss ich mich trennen?

Das Leben ist eine Chance. Nutzen Sie sie.

Chinesisches Sprichwort

Schritt 6: Optionen & Gelegenheit

Haben Sie je sich bietende Gelegenheiten übersehen oder abgelehnt? Halten Sie Ausschau nach den Möglichkeiten, die sich Ihnen bieten und die es Ihnen ermöglichen, über die negative Einstellung anderer hinauszuwachsen.

- Welche Hindernisse muss ich mit Optimismus aus dem Weg schaffen?
- Stehe ich meiner Selbstentfaltung offen gegenüber?
- Wie können andere mir helfen, zu lernen und Dinge zu verbessern?

Die größte Motivation ist die Liebe. Lieben Sie das, was Sie tun und sich selbst.

Schritt 7: Bedeutung & Motivation

Haben Sie sich je gefragt, warum Sie tun, was Sie tun, und was der Sinn dahinter ist? Lernen Sie, mit Leidenschaft, Inspiration, wirklichem Engagement und andauernder Motivation zu leben.

- Woher kommt meine Motivation?
- Habe ich erkannt, dass Ich-Selbst-Sein die Strategie ist, die die größte Kraft gibt?
- Habe ich erkannt, dass Überlegenheit davon kommt, die Dinge jetzt zu verändern?

Wenn wir weiterhin das denken, was wir schon immer dachten, werden wir weiterhin das sein, was wir schon immer waren.

Neil James

Nachwort des Überarbeiters und Übersetzers

Auf einem Seminar im Februar 1994 traf ich Teresa, die Frau, der das Buch gewidmet ist. Sie gab mir eine Rohfassung dieses Buches. Von da an baute ich den Inhalt des Buches in mein tägliches Leben ein, mit dem Ergebnis, dass meine Lebenseinstellung von Tag zu Tag positiver wurde. Einige Zeit später traf ich den Autor persönlich.

1997 entschloss ich mich, das Buch ins Deutsche zu übersetzen. Noch während der Übersetzung und Überarbeitung wurde die englische Originalfassung vom Verlag Hodder & Stoughton in England veröffentlicht. Nach über einem Jahr und mehr als 1200 Arbeitsstunden ist die deutsche Ausgabe des Buches fertig.

Als ich den Duden zur Hand nahm, fand ich eine interessante Statistik. Der Wortschatz der deutschen Sprache liegt bei ca. 500.000 Wörtern. Im Durchschnitt verwendet der Mensch jedoch nur schätzungsweise 12.000 bis 16.000, was bedeutet, dass wir nur 2,4 bis 3,2 % des gesamten Wortschatzes in unserem täglichen Leben verwenden. Noch erstaunlicher ist die Tatsache, dass in einem Wörterbuch der deutschen Rechtschreibung von ca. 115.000 Wörtern nur knapp 4 % positiv und fast 8 % negativ sind.

Was bedeutet dies nun im Hinblick auf die Weisheit „Der Mensch ist das, was er denkt“? Denken wir zu schlecht, sind unsere Gedanken verdrießlich und düster? Wäre es nicht erfreulich, wenn wir positiver denken und dadurch zu einer besseren Lebenseinstellung gelangen könnten? Wenn wir unser Leben positiv und erfolgreich verändern, freundlicher zueinander werden könnten und uns gegenseitig *er*mutigen statt *ent*mutigen würden? Ist es nicht höchste Zeit umzudenken? Wie sollen in der Lage sein, in einer Niederlage eine Herausforderung zu sehen, aus Angst Hoffnung, aus Schwächen Stärken, und aus Misserfolgen Erfolge zu machen.

Warum machen Sie nicht den ersten Schritt? Sie haben unzählige Möglichkeiten. Einige der in den Wortlisten vorgestellten Wörter werden Ihnen sichtlich neu oder sogar ungewöhnlich erscheinen. Verwenden sie diese Wörter in Ihrem täglichen Leben.

Ich wünsche Ihnen viel Freude und Anregung.

Ihr
Peter Gerlach
Februar 2000

Danksagung

An dieser Stelle möchte ich besonders den Menschen danken, die es mir ermöglicht haben, dieses Buch fertig zu stellen: Neil James, der mir mit Rat und Tat zur Seite stand, und für die Freundschaft; Vera F. Birkenbihl, für ihr großartiges Engagement und Mitarbeit dieses Buch zu veröffentlichen und Teresa, die ich kennen lernen durfte und die mir das Buch zum ersten Mal vorstellte.

Besonderen Dank meiner Frau Helen, für die Unterstützung, Liebe und das Verständnis in manch schwierigen Stunden, wenn ich vor dem Computer saß und mir die Arbeit an diesem Buch wichtiger erschien, als mich ihr zu widmen; Anneliese Grasmann für das Korrekturlesen, die Verbesserungen und die professionelle Hilfe bei der Übersetzung; meinen Eltern Bruno und Annemarie Gerlach, für Eure Liebe und dass Ihr den Glauben an mich, das Buch zu vollenden, nie verloren habt; Frau Dr. Elfrida Müller-Kainz, die mich mit den Naturgesetzen vertraut gemacht hat und mir vor Jahren beibrachte, wie wichtig es ist, eine positive Lebenssicht zu haben; Anna-Grey Johnson für die rechtliche Hilfe; Gregory Weir für die unzähligen geduldigen Stunden des Zusammenarbeitens, das Entwerfen der Webseite und Deine Kreativität und Keith Sheriff für die tollen Fotos.

Herzlichen Dank Euch allen.

Peter Gerlach

Zu den Autoren

Vera F. Birkenbihl

Die Leiterin des Instituts für gehirn-gerechtes Arbeiten ist eine der ganz Großen der Seminar-Szene. Die Querdenkerin gehört zu den Erfindern von *Infotainment*, lange bevor es einen Begriff dafür gab. Sie nennt das (seit 1969) *brain-friendly* und (seit 1973) *gehirn-gerecht*. Ihre Themenbereiche sind u.a. Brain-Management (inkl. Kreativität), Kommunikation, Persönlichkeitsentwicklung, Zukunftstauglichkeit und Psychologie des Erfolgs und des Versagens (inkl. Streßbewältigung). Immer wieder wird sie als „seriöse Trainerpersönlichkeit“ bezeichnet, nicht zuletzt, weil sie ihren Stoff selbst entwickelt, regelmäßig Longseller schreibt, ihre Quellen sauber angibt, „alte“ Themen systematisch updated und ebenso konsequent völlig neue Themen erschließt. Inzwischen haben sie über 350.000 Menschen in Vorträgen und Seminaren live erlebt und Millionen haben sie im Fernsehen gesehen und im Radio gehört. Die Gesamtauflage ihrer Bücher, Kassetten und Videos liegt bei über zwei Millionen.

Neil James

Vor seinem Maschinenbaustudium an der Universität in Newcastle diente Neil James als technischer Offizier bei der „Royal Fleet Auxiliary“, dem Königlichen Hilfstruppengeschwader. Sein Interesse an Motivation und kontinuierlichem Lernen bewegte ihn dazu, im Sommer 1994 das Unternehmen „Quest Education & Development“ zu gründen, in dessen Rahmen er das Freedom-Seminar, das sich mit dem Prozess der persönlichen Fortentwicklung befasst, ins Leben rief. Neil James lebt im Süden von London.

Peter Gerlach

Peter Gerlach wurde 1967 in Bad Mergentheim/Tauberkreis geboren. Er ist gelernter Kaufmann und seine Leidenschaften liegen seit über 15 Jahren in der persönlichen Weiterentwicklung, der Motivation, der Inspiration, dem Verhandeln und dem Verkauf, worüber er auch Reden und Trainings hält. Seit März 1991 lebt Peter in England. Er arbeitet im Verkauf und Key Account Management für ein internationales Unternehmen in London. Er ist aktives Mitglied von „Toastmasters“ und Gründungsmitglied der „Professional Speakers Association“ (PSA). Weitere Informationen über Peter können Sie auf seiner Webseite: **www.petergerlach.com** ersehen.

Bücher, die inspirieren

James ALLEN: *Heile Deine Gedanken. Werde Meister Deines Schicksals*. Lüchow Verlag, 1995.

Richard BACH: *Die Möwe Jonathan*. Ullstein Taschenbuch-Verlag, 1972.

Joseph CAMPBELL: *Die Kraft der Mythen*. Artemis/Patmas, 1994.

Dale CARNEGIE: *Wie man Freunde gewinnt*. Scherz, 2000.

Victor FRANKL: *Der Mensch vor der Frage nach dem Sinn*. Piper, 1985.

Erich FROMM: *Die Furcht vor der Freiheit*. Dtv, 1990.

Albert GRAY: *The Common Denominators of Success* (o.A.).

Benjamin HOFF: *Pu der Bär, Ferkel und die Tugend des Nichtstuns: Der weise Bär auf den Spuren des Lao-tse*. Hoffmann und Campe, 1997.

Napoleon HILL: *Denke nach und werde reich – die 13 Gesetze des Erfolgs*. Ariston, 2000.

Elbert Hubbard: *Message to Garcia*. Peter Pauper Press, 1983.

James Kavanaugh: *Search: a guide for those who dare to ask of life everything good and beautiful*. Stephen J. Nash Publishing, 1996.

James KAVANAUGH: *Will you be my friend*. Stephen J. Nash Publishing, 1985.

Arthur KOESTLER: *Die Wurzel des Zufalls*. Suhrkamp, 1974.

Sheldon B. KOPP: *Triffst du Buddha unterwegs*. Fischer Taschenbuch Verlag, 2000.

Martin LEVINE: *Effective Problem Solving*. Prentice-Hall, 1993.

Jagdish PARIKH: *Managing yourself – Stressfrei und gelassen auf dem Weg zu Spitzenleistungen*. Falken, 2000.

M. Scott PECK: *Der wunderbare Weg*. München, 1997

Oliver SACKS: *Der Mann, der seine Frau mit einem Hut verwechselte*. Rowohlt Taschenbuch Verlag, 1990.

Chris STEVENS: *Alexander-Technik – Ein Weg zum besseren Umgang mit sich selbst*. Hugendubel Verlag, 1993.

LAO TSE: *Das Buch vom Weg des Lebens*. Lübbe, 1999.

Zig ZIGLAR: *Erfolg für Dummies*. MITP, 1998.

Das Freedom-Seminar

Wenn Sie weitere Informationen über den Prozess der Freiheit haben möchten, schreiben Sie bitte an:

Quest Education & Development
PO Box 4702
London SW17 17 QE
England

Bitte beachten Sie, dass dieser Vortrag in englischer Sprache gehalten wird.

Stichwortverzeichnis